시조(時調)의 정체성(正體性) 연구 (Ⅱ)

저자 김 홍 열

조 은

머리글

『시조연구』에서 미처 다루지 못한 창작 요령에 대한 보충으로 이 책을 펴낸다. 〈시조연구〉에서 간략하게나마 언급은 하였으나 아직도 많은 분들이 그 의미를 분명하게 인식하지 못하고 있는 것 같다.

시조는 배울수록 맛이 나는 문학이다. 즉 심오한 철학적 사고가 배어 있는 우수 문학임을 자랑하지 않을 수 없다. 그럼에도 불구하고 음수만 맞추면 된다는 안이한 생각에 작품의 예술성이 낮아지는 경향을 보이는 것은 매우 유감이라 하지 않을 수 없다.

시조의 외형보다 더 중요한 것이 문장 짜임이다. 이 문장의 짜임을 올바로 인식하려면 시조의 정체성을 먼저 알아야 한다. 그것도 대충 알아서는 안 되고 확실하 고 선명하게 인식해야만 한다. 시조를 배우는 과정에서 혼란을 가져오는 문제점을 해결하는 방안으로 시조의 정체성을 보다 선명히 밝혀 보려고 한다. 전통이란 계통을 이루어 지금까지 전해오는 바람직한 관습이다. 계통을 이루어 전해오지 않는다면 어떤 가치를 부여할 의미가 없어진다.

특히 이번 책에서는 지난번에 내놓은 고시조 정체성 연구에 더하여 『근대시조/임선묵』를 분석하여 종장의 정체성에 한발 짝 더 다가서려 노력했다. 고시조 약 5천수와 근대시조6천수를 조사 분석하기는 쉬운 일은 아니었으나 보람은 느낀다.

이 책은 초심자들도 쉽게 이해할 수 있도록 많은 예문과 설명에 세심한 주의를 기울였다.

고시조, 근대시조의 정통성 있는 뼈대위에 보다 품격 있는 작품이 생산되기를 바라는 마음은 물론 시조의 정형의 틀을 벗어나지 않도록 작품 창작에 이 책을 잘 활용하였으면 하는 마음이다.

목 차

1. 전통 예술에 대한 정의 / 5

2. 고시조와 근대시조의 정체성 / 10

3. 각 장(章)의 독립성, 연결성, 완결성에 대한 이해 / 26

4. 구(句)에서 관형어를 겹쳐 쓰면 안 된다. / 36

5. 종장 첫 소절 3자는 독립적인 말이어야 한다. / 42

6. 종장 둘째 소절의 문장 성분 / 52

7. 종장 말미의 마감방식 / 58

8. 종장 말미를 명사로 마감해도 되는가? / 64

   1) 명사(체언) 마감 / 64

9. 소절의 분석법 / 80

   1) 붙어 다니는 말 / 82

10. 연시조에 대한 이해 / 88

11. 행갈이 방식 / 98

12. 도치법 연구 / 108

13. 시조는 설명문이 아니다 / 113

14. 시조의 변천사 / 117

15. 시조의 가치 / 129

16. 수사법 / 141

1. 전통 예술에 대한 정의

　국어사전에 보면 전통(傳統)이란 '계통을 받아 전해 오는 것으로 관습가운데 역사적 배경을 가지고 있으며 특히 높은 규범과 의의를 지니고 전해 내려오는 것이라고 정의 되어 있다. 또 인문학 용어 대사전(국학자료원)[1]에 의하면 다음과 같이 기술되어 있다.
　"어떤 집단이나 공동체에서 과거로부터 이어 내려오는 바람직한 사상이나 관습, 행동 따위가 계통을 이루어 현재까지 전해진 것이다."
　그러므로 전통예술(傳統藝術)이란 이러한 전통에 뿌리를 두고 과거로부터 이어져 내려오는 문화유산으로 풍속(風俗) 또는 아름다움을 표현한 가치를 인정하고 이를 계승 발전시키기 위해 재현하거나 그런 작품을 제작하는 모든 인간 활동이라 할 수 있다. 즉, 음악, 미술, 무용뿐만 아니라 시조를 비롯하여 윷놀이, 씨름, 사물놀이, 광대놀이, 탈춤 등 여러 분야에서 전해오는 전통 놀이가 이에 해당하며 이를 보전하기 위해 법적 보호는 물론 여러 단체 또는 전수자가 계승 발전시키고 있다.
　그러면 시조는 전통예술이라 말할 수 있는가?
　결론부터 말하면 시조는 우리의 고유한 시(詩)의 독특한 양식(樣式)으로 전통예술 중 언어예술에 해당하는 무형문화유산이라 할 수 있다.
　문화재 보호법에서 말하는 문화재에는 유형문화유산과 무형문화유산이 있다. 이 중 무형문화유산은 "여러 세대에 걸쳐 전승되어

---
1) 인문학 용어 대사전 1458쪽

온 무형의 문화적 유산 중 다음 각 목의 어느 하나에 해당하는 것을 말한다."[2]라고 정의 되어 있다. (주석 참조)

시조는 '라.'에 해당하는 예술이라 하겠다. 시조는 한글 창제 이전에는 구전으로 전해오다가 한글 창제 이후부터 우리의 서정이나 윤리 도덕을 아름다운 우리 글로 표현해온 독특한 유형의 시이기 때문이다. 이런 면에서 무형 문화유산인 전통 시조는 문화재 보호법에서 말하는 전통예술의 조건을 충분히 갖추고 있다고 말할 수 있다.

시조는 그 역사가 700년을 넘었고 시를 짓는 일정한 방식(형식)이 존재해 오고 있으므로 시조가 전통언어예술이냐 아니냐를 놓고 학자들 사이에 단 한 번도 이론(異論)은 없었다. 지금도 시조를 짓는 이라면 누구든 간에 이 이론(理論)을 따르지 않는 작가는 없다. 그럼에도 불구하고 시조 작품이 '정형'을 유지하고 있느냐, 없느냐를 두고, 또 정체성이 있느냐 없느냐를 두고 이론이 생기고 있는 이유는 무엇일까 하는 점을 깊이 생각해 보지 않을 수 없다. 물론 보는 관점에 따라 약간의 이견은 있을 수 있다. 그러나 큰 줄기는 변할 수 없고 이를 보존해야 한다. 전통예술을 인정하는 작가는

---

[2] 무형유산의 보전 및 진흥에 관한 법률(약칭 무형유산법) 제2조(정의)를 보면
 이 법에서 사용하는 용어의 뜻은 다음과 같다. [개정 2023.8.8] [[시행일 2024.5.17]]
 1. "무형유산" 이란 「국가유산기본법」 제3조제4호에 해당하는 유산으로서 다음 각 목의 것을 말한다.
   가. 전통적 공연 · 예술
   나. 공예, 미술 등에 관한 전통기술
   다. 한의약, 농경 · 어로 등에 관한 전통지식
   라. 구전 전통 및 표현
   마. 의식주 등 전통적 생활관습
   바. 민간신앙 등 사회적 의식(儀式)
   사. 전통적 놀이 · 축제 및 기예 · 무예

정체성을 지킬 것이고 전통예술이 아니라고 생각하는 작가는 이를 무시하거나 시조의 독특한 형식을 파괴해도 괜찮다고 생각할 것이다. 시조에 대한 명확한 개념이 없이 창작하는 작가는 자유시 작가이다. 겉보기는 시조 같으나 그 속을 들여다보면 시조의 혼(정체성)이 없기 때문이다. 즉 그가 쓰는 작품은 시조형식을 빌리기는 하였으나 그 문장의 구성법이 자유시이기 때문이다. 논둑에 세워 놓은 허수아비가 비단 옷을 입었다고 해서 진짜 생명력이 존재하는 개체가 아닌 것과 같은 이치이다.

그러므로 시조를 짓는 이는 누구나 시조는 전통언어예술이라는 대전제 하에서 창작에 임해야 한다. 전통이라는 바탕색에서 벗어나서 출발하면 여러 이견이 생기게 마련이다. 전통문화는 전통이라는 개념을 무시하는 순간 전통이 되지 못한다.

전통을 무시한 전통문화는 존재할 수 없다. 전통 예술은 전승을 요구 받는 문학으로 시조 역시 예외는 되지 못한다. 전통예술의 가치는 전통이 보존될 때에만 그 가치가 더욱 빛나게 된다. 만약 현대시조도 시대의 변천과 더불어 변해야 한다는 논리로 창작에 임한다면 모든 개념을 새롭게 정의하고 출발해야 하며 〈시조〉라는 명칭은 물론 협회에서 마련한 〈시조 명칭 및 형식 통일안〉역시 새로 짜야 할 것이다. 쉽게 말하면 새로운 문학 장르 하나가 탄생하는 것이라고 생각한다.

「문화재 보호법」에 예시된 전통예술 7가지 항목 중 '라' 항에 "구전 전통 및 표현"이라는 항목이 있는데 이를 근거로 한다면 시조는 언어 예술로 여러 세대에 걸쳐 전승되어 온 '무형의 유산'이 되며「문화재 보호법」의 적용을 받을 수 있다고 본다.

유네스코에 등재된 '가곡(시조 창)'은 그 악보가 올라있는 것이고 시조의 외형적 독특한 형식이나 창작 방법은 제외되어 있다. 우리는 3장 6구 12소절이라는 우리의 고유한 시의 내외적 형식을 등재하려는 것이다.
 따라서 시조문학은 문화재 보호법의 법주를 벗어나지 않는 전통예술이라고 정의 할 수 있다.
 2003년에 유네스코 총회는 무형문화유산 보호협약을 체결하고 사라져 가는 각국의 중요 무형 유산을 적극 보호하고 있다.
 시조가 이 협약에 부합하는지 살펴보면

1. 무형문화유산의 정의(협약 제2조 1항)
    - 공동체 집단 및 개인이 자신의 문화유산으로 인식하는 관습, 표현, 지식 및 기술
    - 이와 관련된 전달 도구, 사물, 예술
    - 문화 공간

2. 무형문화유산의 범위(협약 제2조2항)
    - 무형문화유산의 전달체로서 언어를 포함한 구전 전통 및 표현
    - 공연예술(전통음악, 무용, 연극)
    - 자연 및 우주에 관한 지식, 관습
    - 전통기술

3. 무형문화유산의 특징(협약 제2조1항)
    - 세대와 세대를 거치며 전승
    - 역사 속에 공동체 및 집단을 통해 끊임없이 재창조
    - 공동체 및 집단의 정체성 및 지속성 여부
    - 문화의 다양성 및 인류의 창조성 증진
    - 공동체간 상호 존중 및 지속 가능 발전에 부합

시조는 전통적으로나 법에서 정한 '문화유산법'이나 '유네스코 보호협약'에서 말하는 모든 조건을 충족시키고 있다.
 필자가 시조의 정체성을 강조하는 일도 이와 같은 맥락에서 우리의 자랑스러운 시조를 인류문화유산으로 지정받고자 하기 때문이다.

2. 고시조와 근대시조의 정체성(Identity)

 시조가 오랜 역사 속에서 전승되어 온 우리 민족의 독특하고 유일한 시작(詩作)의 한 방식이라면 그 정체성은 어떻게 되는 것인가? 현대 시조를 짓고 있는 우리는 이 정체성을 반드시 지켜야 하는 것인가? 결론은 "반드시 지켜야 한다."이다.
 지키지 않고 쓰려면 배울 필요가 없기 때문이다.
 지금부터 "시조의 정체성(Identity)"을 찾아보기로 한다.
 시조의 정체성을 정의 하기란 매우 어려운 일이다. 그 이유는 고래로부터 전해오는 시조 창작 지침이나 분명한 규칙을 담은 책이 전해오지 않기 때문이다.
 전해오는 고시조나 근대시조의 모습을 외형만으로 정의할 수도 없고 문장의 구성 등 여러 형태를 함께 보아야 하기 때문이다. 필자는 고시조와 근대시조를 여러 측면에서 바라보고 공통적인 특성만을 찾아내어 현재 우리 가 쓰는 시조의 기준으로 삼는 것이 시조의 정체성에 가장 가까이 접근하는 방법이라 생각한다.
 우리는 시조의 정체성(正體性)하면 우선 떠올리는 것이 외형적 형식인 3.4 또는 4.4조의 율격을 먼저 생각한다. 그러나 이는 반만 맞는 얘기다. 우리의 몸이 육신과 정신으로 구성 되어 있듯이 시조 역시 외적인 모습인 3장 6구 12소절과 내적 모습인 문장의 짜임새까지, 즉 장을 이루는 방식, 각 장의 독립성, 연결성, 완결성과 더불어 종장의 첫 소절 3자의 독립성과 종장 말미의 독특한 마감방식은 물론, 종장 전체에서 화자의 각오나 결의와 같은 감정, 즉 보이지 않는 혼까지를 정체성에 포함시켜야 한다고 본다.

고시조 3장의 전개과정을 보더라도 초장에서는 시상을 끌어내고 중장은 초장을 보완하거나 확장하고 종장에서는 화자의 감정을 얹어 마무리한다는 대(大) 원칙(原則)이 있다. 고시조는 모두 정체성이 분명하다. 즉 3장 6구 12소절(말마디)로 그 외적 형식이 비교적 분명하다. 문장의 구성도 구(句)를 이루는 조건, 장을 이루는 조건, 종장의 특징 등도 분명하다.

정몽주와 이색의 작품을 예로 들면

이 몸이 죽고 죽어 일백 번 고쳐죽어
백골이 진토 되어 넋이라도 있건 없건
임 향한 일편단심이야 가실 줄이 있으랴
- 정몽주 -

백설이 잦아진 골에 구름이 머흘레라
반가운 매화는 어느 곳에 피었는고
석양에 홀로 서 있어 갈 곳 몰라 하노라
- 이 색 -

두 작품 모두 3장 6구 12소절이다. 각 장의 음수 배열 역시 우리가 알고 있는 3.4.3.4. 중장 3.4.3.4 종장 3.6.4.3의 형식에 ±1을 취하는 외형상의 특징을 지니고 있다. 장마다 전구와 후구의 개념이 확실하게 구분되며 구에서 생겨난 두 의미가 하나의 장(章)을 이루고 장(章) 셋이 모여 평시조 한편을 구성하도록 되어 있다. 이 장(章) 셋은 각각 독립적이면서 상호 유기적 결합으로 한 몸을 이루고 있다. 특히 종장에서 첫 소절은 완전히 독립적 언어로 짜여 있으며 종장에 이르러 화자의 감정이 총체적으로 나타나도록 하는 방식이다. 종장 말미의 마감방식은 현재형 술어를 배치하여 작품의 생명력을 지속시켜 준다. 이렇게 해야만 작품이 시공(時空)을 초월하여 영원한 생명력을 지니게 된다. 이러한 조건 하나하나가 정체성을 이루는 요소들이다.

  문장의 구성을 보더라도 전구 후구 모두 주술관계(主述關係)가 분명히 드러나 있다. 전구와 후구는 반드시 쉼(休止)이 이루어지도록 짜여 있다.

  정몽주 작품을 보면 초장 전구 '이 몸 죽다', 후구 '일백 번 고쳐 죽다' 중장 전구 '백골이 진토 되다' 후구 '넋이 있다 없다' 종장 전구는 주어부가 되어 '임 향한 일편단심은'으로, 후구는 술어부가 되어 '가실 줄이 없다' 주술관계이면서 각각 놀지 않고 조사와 연결어미라는 고리로 한 몸이 되도록 짜여 있다. 또 초장 전구의 '죽어'에서 휴지가 생기고 후구 '죽어'에서 또 휴지가 생긴다. 중장도 마찬가지이다. 다만 종장은 첫 소절에서 휴지가 생기고 둘째 소절에서 다시 한 번 휴지가 생긴다.

  즉, 초장은 "이 몸이 죽고 죽어√ 일백 번 고쳐죽어"√
     중장도 "백골이 진토 되어√ 넋이라도 있건 없건"√
     종장은 "임 향한√ 일편단심이야√ 가실 줄이 있으랴"처럼 된다.

종장 첫 소절에서 휴지가 생기는 것은 초장과 중장을 반전시키기 위한 조치이고 둘째소절은 작가의 감정이 극도로 실리는 부분이기 때문이다. 고시조는 노래이므로 종장 말구가 종종 생략되어 끝내기를 하므로 셋째 소절에서는 휴지를 둘 필요가 없기 때문이다.

  이색 작품 또한 같다.

  백설이 잦아지다, 구름이 머흘다, 반가운 매화다, 어느 곳에 피었느냐, 석양에 홀로 서 있다. 갈 곳 몰라 하다.

적절한 조사 또는 어미변화를 통하여 구와 구, 장과 장을 연결해 주고 있으며 종장에서는 화자의 심정이 강력하게 표현 되고 있음을 알 수 있다.

특히 고시조에서 눈여겨 볼 것은 각 구를 이루는 소절의 음절수이다. 고시조는 하나같이 초장과 중장에서는 앞에 오는 소절이 뒤에 오는 소절의 음수보다 작거나 같다. 즉 3(4)≦4의 형태이고 종장 후구는 이와는 반대로 4(3)≧3의 형태이다. 앞의 것을 순진법(順進法), 뒷 것을 역진법(逆進法)이라 한다. ±1의 음수 적용을 받을 때 역시 동일한 기준으로 음수를 정함이 원칙이다. 예를 들면 다음과 같은 작품들이다.

'일지 춘심을(2.3)/ 자규야 알랴마는'/이조년 작품.

중장 2〈3/3〈4 또는 3≦4/3≦4 '솔불 켜지마라(2.3)/ 어제 진 달 돋아온다'/한석봉 작품 중장. (위와 같음)

'청초 우거진 골에(2.5)/ 자는다 누웠는다'/임제 작품 초장 (위와 같음)

그러나 예외적으로 홍랑의 작품처럼 된 것도 있기는 하나 아주 극소수이다.

중장이 '자시는 창밖에(3.3)/ 심어두고 보소서(4.3)'/라고 되어 있는데 이는 다른 작품에서 나타난 순진법(≦)이 아니라 역진(≧)으로 되어있다. 이런 작품은 불과 몇 수에 지나지 않으므로 정체성이 되기는 어렵다.

시조 부흥운동 이후의 근대시조는 고시조의 정체성과 조금도 다르지 않다.

혼자 앉아서

　　가만히 오는 비가√ 낙수져서 소리하니√
　　오마지 않는 이가√ 일도 없이 기다려져√
　　열릴 듯√ 닫힌 문으로√ 눈이 자주 가더라
　　　　　　　　　　　　　　　－ 최남선 －

　근대시조 역시 고시조의 정체성을 그대로 이어받고 있다. 개화기에 일시적으로 서양 시(一名 自由詩)의 영향을 받아 잠시 고시조의 정체성을 벗어나 새로운 모습을 보이려 노력한 흔적은 있다. 4장시조, 2장시조, 음수의 이탈, 심지어 종장 첫 소절 3자까지 파탈이 일어나는 등 몇 가지 새로운 시도가 있었다. 하지만 이런 시도는 성공하지 못하고 고시조의 정체성에 다시 흡수되고 만다. 즉 고시조의 창작원리대로 복원되었음을 확인 할 수 있다.
　이런 점에 미루어 음수율로 본 고시조의 전통적인 외적 형식은 대체적으로 다음과 같다고 볼 수 있다.

1. 〈고시조 정체성〉

　① 기본 음수율
　　　초장 3.4.4.4
　　　중장 3.4.4.4
　　　종장 3.6.4.3 에 ±1이다.
　② 종장의 첫 소절 3자는 불변이며 독립적인 말이어야 한다.
　③ 둘째 소절은 5-7자까지 허용하며 관형어나 관형어 구는 피한다. (4자는 안 됨)

④ 종장 말미는 언제나 현재형 술어로 마감해야 한다.
⑤ 초장과 중장의 음수 배열은 대체적으로 ≦의 모양이고 종장 후구는 반대로 ≧의 형태를 취한다. (순진법과 역진법)
⑥ 각 장의 음수는 13-15자 이고 총 음수는45자 ±1 이다.
⑦ 각 장은 독립성, 연결성, 완결성이 있어야 한다.
⑧ 제목이 없다.
⑨ 창으로 부를 때는 종장 말구의 술어를 종종 생략하기도 하였다.
⑩ 종장은 반드시 화자의 각오나 결의가 들어 있다.
⑪ 평시조(단시조)가 주류이다.

　필자가 조사한 바에 의하면 음수 배열이 3.4, 3.4로 된 것보다 3.4.4.4로 된 작품이 주류를 이룬다. 따라서 필자는 3.4.4.4가 기본 율격이라고 보며 여러 학자들도 이 같은 음수율을 이미 밝혀 시조의 외형적 형식으로 주장한 바 있다.
　문장의 구성(짜임새)을 보면 고시조나 근대시조나 구와 장의 의미가 확실하게 나타난다. 좀 더 구체적으로 언급하면 특히 종장 둘째 소절의 문장 성분은 관형어(형용사) 구를 제외한 모든 문장 성분이 가능하다. 관형어 또는 관형어 구를 두지 않는 이유는 무엇일까? 관형어는 명사 앞에서 그 의미를 자세히 밝히는 구실을 하기 때문에 명사(체언)가 주체적 역할을 하게 된다. 즉, 의미의 주체가 되며 휴지(休止)도 명사 다음에 두는 것이 원칙이다. 예를 들면 "청강에 <u>일껏 씻은 몸을</u> 더럽힐까 하노라"에서 더럽혀질까 염려되는 주체는 '몸'이다. 앞에 둔 관형어 '씻은'은 몸의 상태를 밝힐 뿐 주체는 되지 못한다. 따라서 '청강에√일껏 씻은 몸을√더럽힐까 하노라.' 처럼 휴지를 두어야 맞다.

이런 모든 조건들이 시조 내적(內的) 형식의 중요한 포인트가 된다.

근대시조 역시 고시조와 거의 같은 유형이다.

근대시조에서 눈에 띄는 점은 제목 달기와 행갈이 방식, 그리고 각 장을 우에서 좌로 세로쓰기를 하였다. 우에서 좌로 쓰는 종서(縱書) 방식이다. 이는 고시조와 다른 점이다. 국문법 제정 후에는 좌에서 우로 가로쓰기를 하였다.

특히 눈여겨 볼 점이 제목이다. 이 제목은 대체적으로 화자의 원관념을 대신하는 보조관념으로 쓰인 점이다. 그러므로 제목은 언제나 화자 자신을 나타내는 것으로 보면 된다. 그러나 모두가 그런 것은 아니고 '간곳 모르는 나의 친구', '바람결에 붙이는 노래', '옛날을 그리워하면서' 같이 작가의 소회를 나타내는 제목도 상당히 많다.

이런 경우라 할지라도 종장 마감은 현재형 술어가 되어야 하는데 이 역시 하나의 정체성이기 때문이다.

그러므로 종장 말미를 명사형(체언)으로 마감하면 안 되는 것이다.

다음으로 눈여겨 볼 점은 종장 처리 방식이다.

고시조 종장이 작가의 각오나 결의 등을 요구하였다면 근대시조는 작가의 각오나 결의 보다는 서정성에 더 무게가 실려 있다. 즉 사물이 지니고 있는 미학적 측면이 더 강조 된다.

예문

5월/이은상
- 3수 중 첫 수

에휘어 느린 버들 가지마다 오월일레
두견이 잰 울음은 그 무엇을 알리나니
울밑에 피는 난초도 여름이고 나오네.

종장은 작가의 의지와는 별 관계가 없는 서정성에 무게를 둔 마감이다.
초장 '가지마다 오월일레', 중장 '두견이 잰 울음은' 종장 '여름이고 나오네' 같은 표현들은 고시조에서는 찾기 어려운 서정에 무게가 실린 표현들이다.

봄/신불출

봄이요 봄이라니 아가씨만 아는 봄이
꽃도 새도 풀피리도 아랑 곳 아니하고
다문 입 가는 눈썹에 봄이 고여 흐르네.

예문에서 보듯이 종장 어디에도 고시조와는 다르게 작가의 각오나 결의는 안 보인다.
초장부터 종장 까지 모두 말마디가 아름답게 표현되었을 뿐이다.

『근대시조대전/임선묵』에 수록된 작품 2,500여편 (작품 수는 6000여수)의 작품을 조사해본 결과 명사로 마감된 작품은 극소수에 지나지 않으므로 논외로 한다. 다만 1933년 창간 된 〈학등(學燈)〉이라는 잡지 제13호(1935.3)에 가람의 「玉簪花」라는 작품을 보며 이해를 돕고자 한다.

玉簪花
　　　　　가람

　　빛나는 파란 잎새 파란대궁 하얀 꽃이
　　꽃마다 동글동글 옥비녀 꽂아 놓은 듯
　　그 아니 아름다우랴 이름 또한 <u>옥잠화</u>

　그리고 1939년 『文章(문장)』지 2월호에 실린 「그 매화」라는 작품 종장 역시 '그 매화'로 마감되었다.
　그 외에는 몇 편 더 명사 마감이 더 있을지 모르지만 현재형 술어나 창으로 부르기 위해 말구 '하여라' '하노라' 같은 허사를 생략한 경우를 제외하고는 모두 현재형 술어로 마감을 하고 있다.
　따라서 근대 시조 역시 과거형 술어나, 명사형 마감은 거의 없었고 둘째 소절 역시 관형어 구는 발견하지 못했다. 이런 점은 고시조의 정체성을 그대로 이어 받았다는 증거가 된다고 보아도 무리는 없을 듯하다.

2. 〈근대시조의 정체성〉

① 외형상 율격과 문장 구성은 고시조를 기본으로 하였다.
② 반드시 제목이 붙는다.
③ 노래에서 문학으로 별도 장르가 되었다.
④ 종장은 작가의 각오나 결의보다 서정성을 중시하는 경향이 강했다.
⑤ 연시조가 주류를 이룬다.
⑥ 시행의 배열을 새롭게 하였다.

⑦ 띄어쓰기가 시작되었다.
⑧ 장과 구의 개념이 정립되었다. (안확의 「시조시학」)

3. 〈현대시조의 정체성 (Identity)〉

지금까지 고시조와 근대시조를 통하여 얻은 바대로 한다면 현대시조의 정체성은 다음과 같다고 볼 수 있다.
① 고시조와 근대시조의 외적 내적 정체성을 계승한다.
② 〈낯설게 하기〉로 신선미와 작품성을 높인다.
③ 작품의 정체성과 예술성을 추구한다.
④ 설명문, 명령문, 비하하는 작품은 지양한다.

이 〈정체성〉이라는 문제는 정의를 내리기가 매우 어려운 것도 사실이므로 독단적으로 주장할 바는 아니나 나름대로 고시조와 근대 시조를 분석하여 〈정체성〉의 기준(형식과 명칭)을 마련하고 창작시 이를 반드시 준수해야 한다고 본다.
시조 한 편은 한옥 한 채를 짓는 것과 같다. 한 옥은 우리의 전통가옥이다.
집 짓는데 필요한 설계도는 시조에서 형상화에 해당되고, 집 짓는 데 필요한 각종 자재는 시어(詩語)에 해당되고, 집의 내부 구조(인테리어)를 아름답게 꾸미는 것은 가장 알맞은 시어를 찾아 율격에 잘 맞도록 배치하는 것과 동일하다고 볼 수 있다. 이러한 아름다운 한옥 한 채를 잘 지으면 많은 고객으로부터 관심을 끌게 되고 비로소 지금까지 볼 수 없었던 고가의 명품이 탄생하게 되는 이치와 같다.
〈시조〉가 아무리 뛰어난 우리 민족의 전통예술 중 하나라고 하더라도, 또 오랜 역사를 지니고 있다 하더라도 그 빛이 퇴색하면 희망적이지 못하다. 즉 전통은 지키는데 그 생명력이 존재하는 것이다. 전통문화는 과거로부터 현재까지 이어져 내려오는 문화이다. 전통음악의 악곡이 바뀔 수 없듯이 시조 역시 형식이 변할 수 없다는 원칙이 있다. 즉, 형식(내.외적)이 전승(傳承)을 요구 받는 문학의 핵심이다. 그러므로 본래의 모습대로 정체성을 살려 재현(再現)하는 것이지 편리한 대로, 시대에 따라, 또는 작가의 주관적 판단에 의해 적당이 그리고 편리하게 그 격식을 변화시키는 것은 아니라고 생각한다.

　시대의 변천에도 불구하고 오히려 옛것을 지켜낼 때, 전통예술로서의 가치가 빛나게 되고 인정받게 된다. 현대적 감각이나 언어 예술의 기법을 동원하더라도 그 정체성을 상실하면 본래의 전통적 가치는 없다고 본다. 의미의 전달과 예술성은 새롭게 발전시키되 형식은 옛 모습을 반드시 유지해야 한다. 法古創新이 되어야 한다. 다시 말하면 '발전'이라는 명분으로 4장(章)시조로 만들어서도 안 되지만 자유시를 모방한 작품은 더더욱 곤란하다. 시조인으로서 자존감이 있어야 된다고 늘 생각해 왔다.

　전통문화를 계승하려면 외적인 형식적 요인은 반드시 필요하지만 내적인 문장의 짜임새 또한 이에 못지않게 중요하다. 외적 형식인 3장 6구 12소절의 형식은 내적 짜임새인 문장 구조와 항상 맞물려 있다. 시조의 내적 짜임새 중 가장 중요한 것은 각 장(章)의 독립성, 연결성, 완결성이다. 정신과 육체처럼 분리될 수 없는 관계이다.(Cogito, ergo sum). 이를 살려내지 못하면 음절수는 정확하다 하더라도 시조의 정체성을 벗어나게 되고 결과적으로 외적형식도 벗어나게 되는 결과를 초래한다. 글자 수만 맞춰놓거나 초장 중장 종장을 써놓고 소절이나 구의 의미, 장의 의미를 살려내지 못

한다면 이는 시조라 말할 수 없다.

　시조 창작시에 반드시 기억해야 할 점은 각 장마다 독립성, 연결성, 완결성을 유지해야 하며 종장 첫 소절, 둘째 소절과 말미의 마감 방식역시 하나의 정체성이 되므로 이를 반드시 지켜야 한다는 것이다.

　시조의 진정한 가치는 정체성을 지키는데서 부터 출발해야 한다. 이와 같은 통일된 정체성의 기초위에서만 역사적, 문학적, 예술적, 대중적, 인류 문화유산 적 가치를 구현할 수 있게 되어 세계인의 주목을 받는 문학이 될 것이다.

　시조(時調)는 동전의 양면과 같아 전통(傳統)적 가치와 문학적 가치를 동시에 지니고 있는 문학 장르임을 잊어서는 안 된다고 본다.

현대시조가 고시조나 근대시조의 외형적 정체성을 중시하여 3.4조의 율격을 기본으로 소절, 구, 장의 개념을 지키려 한다면 내적 정체성인 문장의 구조(짜임새)도 반드시 따라야 할 것이다.

　하나의 예를 든다면 장의 독립성이나 연결성을 무시하면 별도의 문장이 되거나 아니면 장이 길어져서 통일안에서 말하는 소절수가 변하게 된다거나, 종장 마감을 주제의 보조관념으로 된 명사로 마감 할 때 이런 형식이 시가 되느냐 안 되느냐, 또는 문맥이 통하느냐 아니냐를 놓고 말하기 보다는 시조의 고유한 정체성이 지켜지고 있느냐의 여부를 먼저 따져야 할 것이다.

　또 마감한 술어가 과거형이 되느냐, 안되느냐가 문제가 아니라 정체성 여부를 우선 따져 보아야 할 것이다. 외형의 특징만이 시조의 정체성이 결코 아니라는 점을 발견하게 된다. 육신과 영혼은 분리될 수 없다.

　고시조나 근대시조에서 나타난 **과거형 술어를 사용하지 않고 언**

제나 현재형 술어로 마감한 이유와 말미에 명사(보조관념)로 마감하지 않고 술어로 마감한 이유를 알아야 한다.

  종장에는 화자의 감정(각오나 결의 같은)이 실려야 한다는 점도 대개는 이해하고 있으나 초장과 중장을 어떻게 구성해야 하는지 이해하는 작가는 많지 않은 것 같다.

  초장과 중장을 만드는 방법도 두 가지가 있다. 하나는 시의를 길재의 작품 "오백년 도읍지를 필마로 돌아드니"처럼 형상화(形象化)한 시의(詩意)의 전개(展開)가 초장과 중장을 순차적으로 구성하는 방법이고, 다른 하나는 정몽주의 단심가처럼 초장을 중장의 전제조건(前提條件)이 되도록 구성하는 방법이다. 즉 중장의 구성 요건으로 초장이 필요한 경우이다. 모든 작품이 일률적으로 이런 것은 아니지만 대부분이 이 범주를 벗어나지 않는다고 볼 수 있다.

예문:

    오백년 도읍지를 필마로 돌아드니
    산천은 의구한데 인걸은 간데없네.
    어즈버 태평연월이 꿈이런가 하노라
                     - 길 재 -

  길재의 이 작품은 초장부터 종장까지 사건이 발생한 순차적으로 작품을 구성하였다.
  순차법이라 부르기로 한다.

    이 몸이 죽고 죽어 일백번 고쳐죽어
    백골이 진토되어 넋이라도 있건 없건

임향한 일편단심이야 가실 줄이 있으랴
- 정몽주 -

  이 작품의 구성은 초장을 중장의 전제조건이 되도록 구성한 작품이다. 순차적이기 보다 중장이 성립되기 위한 전제조건으로 초장이 필요하다. 전제조건이 되기도 하지만 사건의 순서로 볼 때 초장이 먼저 발생해야만 중장이 성립하게 되는 구조이다.

  현대시조에서 이러한 예를 찾아보면 순차법 작품

연(緣)/김사균

맞잡은 손과 손이 자갈돌로 성을 쌓고
잡초를 심었어도 난꽃이 피던 뜨락
밤비가 무서리로 내린 밤 하늘 새로 가더이다.

  이 작품은 일이 생긴 순차법으로 된 작품이다. 부부의 인연이란 참으로 묘한 것이다.
  잡초를 심었어도 난초가 피던 젊은 시절도 세월이 가면 하늘 새가 되어 날아가야 한다는 인연의 덧없음이 배어 있는 작품이다.

에밀레종 · 2/김흥열

신라하늘 물들이는 아이 울음 애절하여
종을 깨고 들어가면 선한 눈매 마주칠 듯
사무쳐 쇠가 된 소리가 경주 골을 떠다닌다.

이 작품은 순차적인 방법도 아니고 전제조건을 요구하는 방식도 아니다.
과거의 형상화 방법과는 다른 표현법이다.
앞으로는 어떤 모습의 형상화된 작품들이 선을 보일 것인지 사뭇 기대 된다.

일반적으로 순차법으로 된 작품은 중장이나 종장 앞에(그리고)라는 접속사가 붙은 것과 같고 전제조건으로 된 작품은 중장이나 종장 앞에 (그래서)라는 접속사가 붙은 것과 같다. 즉 이 전제조건의 작품들은 초장의 결과로, 종장은 앞 장의 결과로 인하여 생기는 결과물로 나타나게 된다. '그렇기 때문에 ~ 그래서 이렇게 된다.'는 문장 구조를 띄게 된다.
예문을 인용해 보면 김사균의 작품 '연(緣)'은 '-성을 쌓고 중장 (그리고)잡초를 심는다.'의 형식을 취하게 되고, 정몽주의 '단신가'는 '-일백번 고쳐 죽어' (그래서) '백골이 진토 된다.'는 형식의 문장 구조를 갖게 된다.

고시조 근대시조 비교표

* 분석대상 작품 수 : 고시조 4천5백 수, 근대시조 6천 수

조사 항목	고시조	근대시조
1. 종장 첫 소절 3자 ① '의'로 된 것 　　　　　　　② 감탄사+ 부사	40 수(0.008%) 없 음	17 수(0.002%) 없 음
2. 종장 둘째 소절이 관형어인 것	없 음	없 음
3. 종장 마감 방식 ① 명사로 된 것 　　　　　　　② 과거형 술어 　　　　　　　③ 기타(부사어 또는 관형어 등)	없 음 없 음 없 음	3 수 없 음 없 음
4. 장의 후구가 관형어 인 것	없 음	없 음
5. 각 장의 독립성, 연결성, 완결성	유 지	유 지
6. 동일한 구 내에서 관형어 겹침	없 음	없 음
7. 순진법, 역진 법 어긴 것	없 음	없 음
8. 고시조의 주제 ① 시절가 　　　　　　　② 충절가	0.5% 미만 0.8% 미만	
9. 음수율　① 초장 3.4/4.4　±1 　　　　　② 중장 3.4/4.4　±1 　　　　　③ 종장 3.6/4/3　±1	총 15자 총 15자 총 15자	총 음수 45자±2
10. 연시조에서 술어로 마감하지 않는 것	없 음	1 수

3. 각 장의 독립성, 연결성, 완결성에 대한 이해

　시조 작품의 각 장(章)은 독립성(獨立性)과 연결성(連結性) 완결성(完結性)이 반드시 유지되어야 한다. 왜 이와 같은 3대 특징을 반드시 준수해야 하는가?
　초장에서 어떤 시상을 끌어냈으면 중장에서는 초장을 보완 또는 확장을 시킴으로서 긴장감을 조성하게 되고 종장에서는 앞서 나열한 시상의 전개에 대하여 작가가 자기감정을 마무리 하는 단계이기 때문에 이 때 초장과 중장 종장은 상호 유기적 관계가 자연스럽게 생길 수밖에 없다. 이런 상호관계에서 문장의 구성이 필연적으로 뒤따르게 되는데 이러한 일련의 과정들에서 문장의 구성은 독특한 방식을 요구받게 된다.
　즉 문장 짜임새의 조건들이 내적형식이 된다. 이 내적형식은 독자와 소통이라는 문제를 해결하기 위한 수단이 되므로 어순(語順)을 지켜야만 된다. 이 때 각 장은 나름대로 주체적인 문장으로서 (독립성) 다음 장과 어울림(연결성)이 요구 되고 평시조 한편으로 완결되게 된다. 각 장은 평시조 한 편으로 새 생명을 부여 받게 되는 공동체적 운명이라 할 수 있다.
　장(章)의 독립성이란 각 장에서 나타난 외형상 자립성(自立性)을 말한다. 즉 각 장마다 외견상으로 독립적 의미가 온전히 드러나야 한다는 말이다. 아래 작품을 보면 고시조이건 근대시조이건 현대시조이건 각 장마다 그 자체로서 의미가 완전히 생기고 있음을 알 수 있다. 연결성이란 장의 후구가 조사나 연결어미로 마감하여 물 흐르듯이 부드럽게 다음 장과 상호 관계를 성립시키고 있다는 말이다. 그러나 각 장을 술어로 마감을 했다하여 연결성이 없다는 말은 아니며 이 경우에도 의미상으로는 연결성을 유지하고 있게 된다. 완결성이란 하나의 장(章)만으로도 완전한 문장의 조건을 갖추고 있음을 의미한다.

  고시조나 근대시조 작품을 보면 어느 하나 독립성이나 연결성 완결성이 결여된 작품이 없다. 이는 초장이나 중장 후구 말미를 관형어로 한 것이 없다는 얘기이다.
중요한 정체성 중 하나이다.

  고시조 예문;

  ①
  검으면 희다하고 희면 검다하네
  검거니 희거니 옳다 할 이 전혀 없다
  차라리 귀 막고 눈 감아 듣도 보도 말리라
                      - 김수장 -

  이 예문은 각 장마다 독립성 완결성이 뚜렷한 모습이다. 연결성은 문장이 각각 닫힌 형태이긴 하지만 의미상으로는 연결성은 충분히 유지되고 있다. 즉 별개의 문장이 아니라는 얘기이다. 중장 앞에 (그러니)라는 연결어를 넣고 읽어보면 "검다하네. 그러니 또는 그래서 옳다 할 이가 전혀 없다."라는 의미로 연결된다. 종장 역시 앞에 (그래서)라는 접속어를 넣어보면 "그래서 귀 막고 눈 감는다."라는 의미로 읽히게 된다. 이 말은 작품 내용의 주제가 3장 모두 동일하다는 전제가 깔려 있다. 즉 당쟁을 개탄하는 내용이다. 이처럼 장의 후구 말미가 연결어미나 조사로 끝나지 않아도 연결어미가 있는 것처럼 의미상 연결성이 만들어 진다. 남구만의 '동 창이 밝았느냐 노고지리 우지진다' 역시 같은 맥락의 작품이다. 이 작품의 주제는 농촌의 아침 풍경으로 3장이 모두 같다. 초장에 서는 '동창이 이미 밝아 종다리가 우짓는 데 (그런데) 아이는 아직 안 일어났느냐. (그래서) 재 너머 긴 밭을 언제 갈려고.'처럼 연결 성이 생기게 된다.

고시조에는 이런 유의 작품이 아주 많다. 반면에 성삼문의 작품 은 연결어미로 장과 장이 연결되어 있는 형태이다. 즉 하나의 문장 같지만 각 장마다 독립성, 완결성, 연결성을 유지하고 있다.

②
이 몸이 죽어가서 무엇이 될꼬하니
봉래산 제일봉에 낙락장송 되었다가
백설이 만건곤할 제 독야 청청 하리라
- 성삼문 -

초장 후구 '될꼬하니' 중장 후구 '되었다가'처럼 술어의 어미 변화를 통하여 연결성을 유지하게 된다.

초장부터 종장까지 한 줄로 연결해 놓으면 하나의 문장처럼 보이 지만 3장으로 나누어놓고 그 문장 구조를 분석해 보면 각 장마다 완벽한 하나의 문장이 된다는 것을 알 수 있다.

초장은 '무엇이 될까?' 중장은 '낙락장송 된다.', 종장은 '독 야청청 하겠다.'라는 독립적인 의미를 지닌 문장이 된다. 그러나 연결성을 유지하기 위해 장의 말미를 연결조사나 연결어미로 이어 주고 있을 뿐이다.

초장 후구 '무엇이 될 꼬 하니' 다음에 중장에 (그래서) '낙락 장송 되었다가' (그래서) '독야청청 하리라'는 결의로 마감을 하고 있다.

  고시조에서 나타난 이러한 일련(一連)의 조치들은 시조를 짓는 하나의 방식으로 굳어진 정체성이나 다름없다. 이를 지키지 않는 작가들은 시조를 쓴다고 생각하면 안 된다. 그냥 자유시를 쓰고 있는 것이다. 이러한 창작 기법은 근대시조에서도 그대로 지켜지고 있다.

  근대시조 예문;
    ①
    옥적/김상옥

        지그시 눈을 감고 입술을 축이시며
    (그래서)뚫린 구멍마다 임의 손이 움직일 때
    (그러면)그 소리 은하(銀河) 흐르듯 서라벌에 퍼지다.

  근대시조 역시 술어의 어미변화나 의미상 연결성을 유지한 작품이 절대다수 이다.
  이 작품도 각 장의 전구 후구는 주술관계로 되어 있다.
  초장 전구 '지그시 눈을 감다' 후구 '입술을 축이다.'
  중장 전구 '구멍이 뚫리다' 후구 '손이 움직인다.'
  종장 전구 '소리가 은하 흐르듯 한다.' 후구 '서라벌에 퍼지다' 처럼 짜인 문장이다.
  다만 중장 전구에서 구멍을 실감나도록 하기 위해 '뚫다'라는 술어를 '관형어로 만들어 '구멍'이라는 체언을 꾸며주도록 배치했을 뿐이다.

현대시조 예문
①
바위/김광수

　　　　고독마저 황홀하게 사르는 석양빛을
(어떻게)늘 시린 가슴마다 모닥불로 지펴놓고
(그래서)무상을 휘감고 앉아 그 아픔을 삭인다.

　위 작품에서 초장 중장 종장 모두 외견상 독립된 문장의 조건을 갖추고 있다.
　초장은 고독마저 황홀하게 사르는 석양빛이라는 얘기이고 중장은 늘 시린 가슴마다 모닥불을 지핀다는 온전한 의미가 생기는 문장이고 종장은 무상함을 휘감고 아픔을 삭인다는 독립적 의미를 각각 지니고 있는 문장이 된다.
　연결성을 보면 초장의 후구는 '석양 빛'이라는 말에 목적격 조사 '을'을 붙여 중장과 연결시키고 있으며 중장 후구 '지펴놓고'는 '지피다+놓다'라는 본용언과 보조용언을 합친 복합동사를 어미 변화시켜 종장과 그 연결고리를 유지하고 있다.
　이러한 연결성이 없으면 별개의 문장이 된다. 완결성은 장(章) 하나 만으로도 완결된 된 문장과 같다.
②
서천의 달/김사균

　　　　곤한 잠 깨어보니/ 코끝에 선 일흔 여덟
(그런데)모가 난 나이테는/ 세월보다 앞서 커서
(그래서)서천에 낮달로 앉아/ 무거운 짐 부린다.

이 작품 역시 장의 개념 구의 개념은 물론이고 종장의 문장 구성이 화자의 마음을 실감나게 그려 내고 있다. '모가 난 나이테가 세월보다 앞서 큰다.'든지 '서천에 낮달로 앉아 있다.' 등등 작품이 〈낯설게 하기〉를 시도하여 독자에게 매우 신선한 느낌으로 다가선다. 보조관념으로 쓰인 제목 '서천의 달'은 화자 자신이다. 일흔여덟이 되면서 지는 달에 자신의 삶을 비유한 작품이다.

'곤한 잠'은 자신을 돌아보기 어려울 정도 바쁜 일상을, '코끝에 선'은 성큼 다가온 노년을, '모가 난 나이테'는 나이 들수록 마음의 여유나 용서하는 마음이 있어야 하는데 그렇지 못하고 나이만 먹는 자신을, '세월보다 앞서 큰다'는 이루어 놓은 성과도 없이 마음만 바쁘다는 의미를, '무거운 짐 부린다'는 마음에 아쉬움이 많다는 의미가 아닐까 한다.

어느 한 곳 흐트러짐이 없다. 시조의 전형(典型)이다.

중장의 "모가 난 나이테는/ 세월보다 앞서 커서" 같은 표현은 요즘 유행하는 메타시조라 할만하다.

③
소/***

시장에서 누런 소를 한 봉지 받아 들었다
검은 위가 찢어질 듯 위태롭게 출렁였다
고단한 그의 무게는 봉지만큼 가벼워졌다

어제는 그가 늘 빵빵하게 넣고 <u>다녔던</u>
초원이 콘크리트에 쏟아졌을 것이다
흥건히 바닥을 적시고 검은 장화에 짓밟혔으리

이 작품은 형상화가 잘 된 작품이다. 그러나 문장을 어색하게 짜서 시조의 정체성과는 거리가 있어 보인다.

첫수는 독립성은, 완결성은 있으나 종장 마감이 '가벼워졌다'로 5자이며 과거형 술어를 배치하여 정체성을 어긴 모습이다. 그냥 '가볍다'라는 현재형 술어로 마감하지 않은 아쉬움이 남는다. 둘째 수는 초장 후구가 '넣고 다녔던' 같이 관형어가 왔기 때문에 독립성, 완결성은 떨어지고 연결성만 있다. '다녔던 초원이'까지가 중장이 된다.

만약 이 작품을 '어제 빵빵하게 채워 넣은 초원들이'/콘크리트 바닥에서 시퍼렇게 쏟아져서'처럼 하면 독립성 연결성이 모두 살아나게 된다고 본다.

즉 중장 첫 소절 '초원이'는 초장의 후구 말미로 이동되어야 독립성을 유지하게 된다.

이렇게 보면 중장은 '콘크리트에 쏟아졌을 것이다'라는 문장만 남게 되어 중장으로서의 구실을 못 하게 된다. '쏟아졌을 것이다.' '장화에 짓밟혔으리'와 같은 말은 과거형 술어에 선어말 어미 '었'에 추측을 나타내는 '으리'가 붙은 말이다. 이러한 마감은 화자의 의지가 들어가기 어려운 문장 구조이다. 물론 과거를 회상하는 방식으로 마감하기는 했으나 강력한 화자의 결의가 있다고 보기는 어렵다.

④
무감각/***

물 위에 뜬 햇살처럼 각성 없는 무게 위에
덧난 흔적 드러나는 시간의 상처 위에
<u>바람과 함께</u> 묻어온 비포장의 먼지들

손 뻗어도 닿지 않는 무감각의 계절 위에
　　살비늘이 흩어지는 저 아득한 길목 위에
　　다 벗어 맨몸이어도 끝내 남는 이 남루

　이 작품은 종장 말미가 명사로 마감되어 있다. 첫수 '먼지들'은 원관념 '무감각'의 보조관념이 되는 지 살펴보아야 하고 둘째 수는 초장 '계절 위에' 중장 '길목 위에' '남는 남루'가 되므로 초장과 중장의 관계는 and의 개념이다. 즉 장이 하나라는 얘기이다. 종장 말미의 '이 남루' 역시 보조관념의 역할을 하는지 살펴볼 필요가 있다. 따라서 원관념과 보조관념의 역할을 벗어난 은유라면 이는 오용으로 보아야 한다. 제목 '무감각'이 화자 자신을 나타내는 보조 관념으로 쓰인 것이라면 종장 말미의 명사형 마감은 더욱 곤란한 입장에 놓이게 된다.
　'먼지들'이 주제 '무감각'의 보조관념일까? '이 남루'가 보조관념일까? 생각해 보아야 한다. 만약 그렇다 하더라도 시조의 정체성은 아니다. 앞서 설명한대로 고시조, 근대시조 어디에서도 이러한 마감 방법은 없기 때문이다.
　둘째 수는 구의 구분이 명확하지 않다. 초장에 '닿지 않는'과 '무감각의'는 모두 관형어로서 '계절'을 수식하는 말이기 때문에 구의 개념이 없이 만들어 졌고, 중장 역시 '흩어지는' '저' '아득한'은 모두 관형어로서 '길목'을 수식한다. 따라서 초장과 중장은 하나의 구만 지니고 있는 장이 되므로 정체성을 벗어났다고 볼 수 있다.
　둘째 수 종장의 '다 벗어'는 '다'라는 부사어와 '벗다'라는 술어의 결합으로 첫 소절 3자로 사용하기에 무리가 없다. 그러나 셋째 소절은 '끝내 남는'과 '이'가 관형어이므로 음수는 5자가 되고 넷째 소절은 '남루' 두자만 남게 된다. 왜냐하면 '끝내 남는'은 '이'를 수식하는 관계에 있지 않다. 모두 '남루'를 수식하는 말들이기 때문이다.

그러나 첫수 종장은 비독립적 3자이다. '바람과'에 쓰인 '과'는 자음으로 끝나는 체언의 뒤에 붙어, 둘 이상의 대상을 대등한 자격으로 이어 주는 접속 조사가 아니라 여기서는 자음으로 끝나는 체언의 뒤에 붙어, 어떤 행동이나 일을 함께 하는 대상임을 나타내는 부사격 조사로서 주로 '함께'나 '같이'와 어울려 나타난다. 즉, '바람과 함께' 또는 '바람과 같이'처럼 붙어 다녀야 하므로 비독립적이다.

즉 '바람과 함께'까지가 의미상 첫 소절을 이룬다고 보아야 한다.

'바람과 같이 사라진다'고 했을 때 이 말은 '바람처럼 사라진다.'는 말이므로 종장 첫 소절 3자는 '바람과 함께'까지 5자가 된다고 보아야 맞다.

첫 소절 3자 고정의 원칙을 무너뜨리고 있다.

⑤
스며들다 3/***
　- 직유법

첫 눈빛 화살처럼 심장에 꽂히는 것
설레는 마음 하나 탄환처럼 박히는 것
바람결 스쳐만 가도 연기처럼 스미는 것

이 작품은 독립성만 강하다. 연결성 완결성은 떨어지는 작품이라 하겠다.

연결성이 있으려면 초장의 결과물로 중장이 만들어지고, 그래서 화자는 종장을 만들어내야 하는데 세 문장이 각각 별개의 문장이 된다. 즉 '심장에 꽂히기' 때문에 중장의 결과를 얻는 것은 아니다. 더구나 종장 어디에도 화자의 각오는 안 보인다.
　그러므로 각 장은 '스며들다'라는 말을 설명하는 역할만 하게 된다.

　참고로 '것'이라는 말은 관형사형 어미 '-은', '-는', '-을' 뒤에 쓰여, 일정한 일이나 사건, 사실을 나타내거나 설명하는 말이다. 가능하면 피해간다.
　'것' '뿐' '줄' '데'와 같은 의존명사는 자립성이 없는 명사이다. 관형사형 어미 '-은', '-는', '-을' 뒤에 붙여 쓰인다.

4. 구(句)에서 관형어를 겹쳐 쓰면 안 된다.

하나의 장은 두 개의 구로 짜인다. 그러나 다음과 같은 관형어가 연달아 나오면 소절수가 바뀌게 된다.

1) 관형어 "ㄴ"과 "ㄴ" 겹쳐 쓰면 어떤 현상이 벌어지는지 살펴본다.
① 구과 구 사이
　'긴 겨울 견디어낸 /아픈 흔적 남은 꽃대'　3.4/4.4 ⇒ 3.8/4
　　　↓　　　　↳ − ↑
　　　↳ − − − − ↑

　'악몽에 시달리는 /마른 목 축이는데'　3.4/3.4 ⇒3.7/4
　　　↓　　　↳−↑
　　　↳ − − − − − ↑

　'정의에 눈을 가린 /가당찮은 불법비리'　3.4/4.4 ⇒ 3.12/
　　　↓　　　　↳ − − − ↑
　　　↳ − − − − − − − ↑

　'비둘기 살았다는 /전설 같은 얘기들이'　3.4/4.4 ⇒ 3.12/
　　　↓　　　　↳ − − − ↑
　　　↳ − − − − − − − ↑

　'내 이 두 빈 손으로/ 드릴 것 하나 없네.'　3.4/3.4⇒4.3/3.4

'내 이 두'라는 말은 없다. 모두 관형어로 손을 수식한다,
　이 관형어는 '내 손', '이 손', '두 손', '빈손'이 된다. 모두가

손에 붙는 말이다.

  장의 전구와 후구 사이에 겹쳐 사용된 관형어의 예문이다.
이 예문의 구를 분석해 보면
  '긴 겨울 견디어 낸 아픈 흔적/ 남은 꽃대'   3.8/4.0
  '악몽에 시달리는 마른 목/ 축이는데'   3.7/0.4
  '정의에 눈을 가린 가당찮은 불법비리/'   3.12./
  '비둘기 살았다는 전설 같은 얘기들이/'   3.12./
  '내 이 두 빈 손으로/ 드릴 것 하나 없네.'   4.3/3.4 로 보는
  것이 정상이다.

  결과적으로 외형상 정형시조 같지만 내용을 분석해 보면 정형의 틀을 벗어나 있다.
  그 이유는 '견디어 낸 아픈 흔적이 남은'이 꽃대를 수식하는 모양이 되기 때문이다.
  이 작품은 '견디어 낸 흔적, 아픈 흔적' 처럼 읽혀야 정상이다.
  '시달리는 마른' 전체가 '목'을,
  '눈을 가린 가당찮은' 전체가 '불법비리'를,
  '살았다는 전설 같은' 전체가 '얘기들'을 수식하게 되는 문장이다.
  '내 이 두'라는 소절은 어떤 의미도 생기지 않는 말이다. 모두 '손'을 수식하는 말이다. 즉, 내손, 이 손, 두 손, 빈손이 된다. '내'는 1인칭 대명사 '나'에 관형격 조사 '의'가 붙어서 준 말이고 '이'는 지시 관형사, '두'는 수 관형사. '빈'은 '비다'라는 용언이 어미변화를 한 것으로 모두 '손'을 수식하는 말이다. '내, 이, 두, 빈'이라는 관형어가 '손에 붙어야 의미가 생긴다. 따라서

전구는 소절을 하나로 보아야 한다.
 그러므로 구와 구 사이에 관형어를 사용하여 전구 후구를 만드는 것은 모두 정형을 벗어나는 결과를 가져오게 되므로 각별한 주의를 요한다.
 고시조나 근대시조에서는 이와 같은 문장의 구성은 찾아 볼 수 없다. 이러한 문장을 짜는 방식도 또 하나의 시조 정체성으로 보아야 한다.

 이러한 문장의 짜임은 어떻게 바꿔야 하는가?
 '긴 겨울 견뎌내며 /아픈 흔적 남은 꽃대'   3.4/4.4
 '악몽에 시달리며 /마른 목 축이는데'   3.4/3.4
 '정의에 눈을 가린/불법비리 가당찮다'   3.4/4.4
 '비둘기 살았다는 /전설 속 얘기들이'   3.4/3.4

 적절한 조사(-에)나 연결어미(-며)를 붙여 보거나 어순을 바꾸어 보면 작가의 원래 의도를 훼손하지 않고 전구와 후구의 의미를 그대로 살리면서 소절의 혼돈을 가져오지 않을 수 있다.
 고시조나 근대시조에서는 어떠한가?
 '싸우는 골에' '광명한 날빛을' '기나긴 밤' '잦아진 골에'
 '해묵은 서리를' '못 다 핀 꽃이야' 등등 관형어 다음에는 반드시 체언(명사)를 두어 구의 의미를 분명하게 구분 짓고 있다. 즉 이 체언까지가 구(句)가 되도록 문장을 확실하게 구성하고 있다.
 위 예문을 좀 구체화 하거나 아름답게 꾸미기 위해 지나친 관형어의 중복 사용은 피하였다. 만약 까마귀가 싸우는 모습이 '사납다' 거나 '무섭다' 하여 "싸우는 무서운 골에"라거나 동짓달 긴 밤이 허전하다고 하여 "동짓달 기나긴 허전한 밤에"라고 하지 않았다. 관형어의 중복 사용을 절제하여 시조 한 편의 절제미를 살려내고 있다.
　근대시조 역시 고시조와 같은 방법으로 작품을 구성하고 있다.
　그러나 현대시조를 보면 오히려 이러한 문장 구성을 무시하는 형태의 작품이 많다.
　②장의 후구 말미에서

가파도 청보리밭/***

　　연두 빛 머리카락 날리며 <u>돌아오는</u>
　　볼우물 부비고 싶은 오월의 언덕이여
　　어멍*의 시린 뒤태가 끌고 오는 <u>바람소리</u>

　초장 후구 '돌아오는'은 '언덕'을 수식하는 말이다. 따라서 초장은 "연두 빛 머리카락 날리며 돌아오는 볼우물 부비고 싶은 오월의 언덕이여"까지이다.
　그러므로 중장은 없어지고 종장만 남게 되므로 정형의 틀을 완전히 벗어나는 결과를 초래하게 된다. 통일안에서 말하는 구(句)란 2개의 의미 단위로 나눈 것을 말한다.
　여기서 말하는 "의미단위"란 전구와 후구가 각각 하나의 다른 의미를 지닌 단위가 되어야 함을 말한다면 예문 중장 '우물 부비고 싶은 오월의 언덕이여'는 두 개의 의미단위가 아니라 하나라는 얘기이다. 즉 중장 전구 전체가 오월을 꾸며주고 그 오월은 언덕을 꾸며준다. 결국 하나의 의미단위로 짜여 있어 구는 하나밖에 없다는 얘기가 된다.
　종장을 보면 '어멍'이라는 명사에 관형격 조사가 붙어 '뒤태'에 종속하는 문장이 된다. 따라서 이 역시 종장 첫 소절은 '어명의 시린'까지 이고 둘째 소절은 '뒤태가'만 남는 결과를 초래하게 된다.
예문

바람개비/***

　　세상에 어느 누가 그리움 없겠는가
　　혼자서 못 간다며 한사코 <u>돌아보는</u>
　　사랑은 불멸의 바람 비익조가 날고 있다.

　중장 후구가 '돌아보는'이라는 관형어로 '사랑은'이라는 말을 수식한다. 따라서 중장의 후구는 '한사코 돌아보는 사랑은'까지 이고 종장은 '불멸의 바람 비익조가 날고 있다.'가 된다. 당연히 소절의 파괴가 일어난다.
　'바람'과 '비익조' 둘 중 어느 것이 주체인지 알기 어렵다.
　'불멸의 바람인가, 비익조가 날고 있다.'처럼 되어야 문장이 성립되는데 이렇게 하면 전구가 3.4일 뿐 아니라 첫마디 3자가 '의'라는 관형격 조사가 붙어 독립성이 훼손된다.
　만약 이 작품을 다시 써 보면

　　세상에 어느 누가/ 그리움 없겠는가
　　혼자서 못 간다며/ 한사코 <u>돌아보는 사랑은</u>
　　<u>불멸의 바람</u> /비익조가 날고 있다.

　처럼 되어 소절의 파괴가 일어날 뿐 아니라 '사랑'이 날고 있는

것인지, '비익조'가 날고 있는 것인지 분명하지 않게 된다.

천지창조/***
－미켈란젤로

대칭적 균형 속에 직선을 사용하여
우아한 느낌으로 안정감 보여주는
깔끔한 구도 덕분에 걸작 품이 되었네.

중장을 보면 '보여주는'이라는 관형어 마감이 되었고 종장은 '깔끔한'이라는 관형어로 시작하였다. '안정감을 보여주는 깔끔한 구도'가 되므로 중장 후구는 '안정감 보여주는 깔끔한 구도 덕분에'까지가 된다. 그러면 종장은 '걸작 품이 되었네'라는 후구 하나만 남게 된다. 이런 식으로 문장을 짜면 시조는 정체성과는 먼 거리에 있게 된다. 즉

대칭적 균형 속에 직선을 사용하여
우아한 느낌으로 /안정감 보여주는 깔끔한/ 구도 덕분에
걸작 품이 되었네.

정상적인 문장 구조는 예문처럼 문장이 짜여있다고 보아야 한다. 제목 역시 '미켈란젤로의 천지창조'처럼 되어야 맞는다고 본다. '천지창조' 밑에 부제를 달기는 했어도 미켈란젤로의 '천지창조'라는 그림의 지칭하는 내용이므로 제목이 조금 길더라도 확실하게 주제를 설정해야 맞다고 본다.

5. 종장 첫 소절 3자는 독립적인 말이어야 한다.

　고시조 종장은 '어즈버', '아희야', '아마도' 같은 완전 독립적인 말이 많이 쓰였지만 반드시 그렇지는 않았다. '밤비에', '석양에', '다정도', '임 향한', '잔 잡아', '백설이' 같은 여러 종류의 시어들이 동원되었다. '어즈버'나 '아희야' 같은 말은 현재는 사용하지 않는 말들이다. 이러한 감탄사는 근대시조에서는 거의 사용하지 않고 독립적 의미를 지닌 말들로 대체되는 현상이 나타난다. 이러한 시대적 흐름에 반영된 종장 첫 소절(첫마디) 3자는 현대시조에까지 영향을 미치고 있다.
　분명한 사실은 종장 첫 소절(말마디)은 어떤 문장 성분이 오던 간에 독립적이어야 한다는 것이다. 중요한 정체성 중 하나이다.
　다음과 같은 첫 소절 3자는 피하는 것이 시조의 품격을 높이는 것이 된다.
　독립적이라는 말은 다른 말과 어울려 의미를 만들어 낸다기보다는 세 소절로 이루어진 낱말 자체(3字가)가 독립적이어야 한다는 의미이다.

(1) 종장 첫 소절은 독립적이어야 한다.

　ㄱ. 관형격 조사 "-의"로 된 것은 사용을 지양한다.
　이 '의'는 '명사+의+명사'의 형태로 뒤에 오는 말(명사)에 종속되어 독자적인 의미를 만들지 못한다.
　"세상의 인심과 정이 고스란히 배어 있다."

이 때 사용된 세상은 '인심과 정'에 종속적이다. 즉 주체는 '인심과 정'이고 이 인심과 정이 어떤 것이냐를 보충해 주는 말이 '세상의'라는 말이다. '세상이' 고스란히 배어 있는 것이 아니라 '인심과 정이' 고스란히 배어 있다는 말이다.

'나의 책' 하면 같은 책이라 하더라도 누구의 책도 아닌 '나'라는 존재가 소유하고 있는 책이란 의미이기 때문이다. 관형격 조사 '의'가 쓰이면 앞 뒤 말이 모두 붙어야 완전한 의미가 생기는 독립적 소절이 된다.

이 '의'는 구와 구 사이 초장이나 중장의 끝에 사용할 수 없다
즉 초장이나 중장에서는 *** ***의/ ***. ***의
종장에서는 ***의 *****의/*** ***처럼 사용되면 소절수가 바뀌게 된다.

그 이유는 관형격 조사 '의'는 반드시 '명사+의+명사'의 꼴로 쓰인다. 예외가 없다. 이는 앞에 오는 명사는 뒤에 오는 명사와 합쳐져야 하나의 독립적인 의미를 지닌 완전한 의미가 생긴다.

참고로 필자가 조사한 바에 의하면 고시조 약 5천수 중에 '의'자로 종장 첫 소절을 만든 작품은 약 40수, 근대시조 6천수 중에는 약 17수로 별 의미가 없는 수치이다. 이러한 수치는 너무 미미하여 정체성이 될 수 없다. 특히 고시조에서 나타난 현상은 대개 작자미상이라는 점이다.

ㄴ. 감탄사에 다른 말이 붙은 것은 사용하는 것도 피해야 한다.
①
"아, 차마 보내려하니 내 가슴이 찢어진다."
'아, 차마'는 '아,'라는 감탄사와 '차마'라는 부사어로 된 3자이다. 음수로 보면 3자 같으나 '아, 차마'는 '아,'라는 하나의 문장

과 부사어의 결합이다. 즉 '아'와 '차마'는 각각 다른 의미를 지닌 두 개의 낱말이다. 예를 더 들면 '아, 좋은' '아, 그게' '아, 하는' '아, 이제' 등등 '아'가 감탄사로 사용된 경우 3자로 보기 어렵다.

감탄사 '아,'는 그 자체로 하나의 독립된 문장이기 때문이다.
『고시조대전』에 수록된 5천 여수와 『근대시조대전』에 수록된 6천 여수의 작품 가운데 종장 첫마디를 이처럼 만든 작품이 없다는 사실은 무엇을 의미하는 것일까? 옛날이라고 해서 '아,' '어,' 같은 감탄사가 없었다는 얘기는 절대 아닐 것이고 종장 첫마디 3자는 이런 식으로 만들면 안 된다는 하나의 증거이다. 이러한 감탄사 '아,' + @의 말은 첫 소절 3자로 해서는 안 된다는 의미이다. 시조의 정체성 중 하나이다. 아무리 현대적 감각이나 기법이라 하더라도 정체성이 아닌 것은 쓰지 말아야 한다고 생각한다. 시조는 전통언어 예술이니까.

감탄사는 문장성분상 독립어를 구성하며, 후속되는 문장과 문법적 관계를 맺지 않음을 원칙으로 하며 어형이 변하지 않는다.
고시조에서 종종 나타나는 '어즈버' '아이야' 등은 현대어에서는 사용하지 않는 말이다.

감탄사로 3자를 만들기는 현대어에서는 매우 어렵다. '어머나' '아뿔싸' 등등 매우 제한적이다.

고시조에 '잔 잡아 권할 이 없으니 이를 설워 하노라' '임 향한 일편단심이야 가실 줄이 있으랴' 첫 소절 3자는 '잔+잡다'와 '임+향하다'는 조사 '을'을 생략하여 만든 합성어로 하나의 낱말처럼 쓰인다. 특히 '임 계신' '임 향한' 같은 유형의 관형어를 사용한 작품은 몇 수에 지나지 않는다. 이러한 관형어는 그 사용이 아주 제한 적이었음을 알 수 있다.

②
　그러면 앞에 '성근 별', 또는 '그래 그' 같은 3자는 허용되는가?
　'성근(관)+별(명사)'이므로 가능하다.
　"별 하나 바라보면서 미래의 꿈 엮고 있다" 할 때 첫 소절 '별+하나'는 가능할까?
　가능하다. 별(명사)+하나(수사)로서 이 때 '하나'는 별과 동격으로 대명사 역할을 한다. '별빛'은 별+빛으로 합성 명사이다.
③
　그러나 '그래, 그'는 '그래(여기서는 감탄사 역할을 함)+그(관형사)'가 되므로 두 개의 문장이 된다. 따라서 허용될 수 없다 본다.
　다음의 경우는 어떤가?
　저기 저 /흔들린 나뭇가지에/점찍은 듯/ 앉은 새//
　'저기+저'는 지시대명사+관형사이다. 이는 비독립적 3자이다. '저기'는 부사어로 쓰인 것이며 '저'는 관형어로 '흔들린 나뭇가지'를 수식하는 관계에 있다. '저기'는 처소격조사 '에'가 생략된 것으로 보아야 한다. '저기를 보아라.' 할 때는 목적어, '저기가 호랑이 굴이다' 하면 주어가 된다.
　위 문장은 다시 성분별로 나누어 보면 '저기/저 흔들린 나뭇가지에/점찍은 듯 /앉은 새'처럼 되므로 종장 첫마디 3자로로 쓰기는 부적합하다.

　참고로 부사어는 어떤 성질을 가지고 있는 말인지 살펴본다.
　네이버의 지식백과를 보면 부사어에 대해 다음과 같이 설명하고 있다.
　부사어는 용언을 꾸며주며 그것과 함께 용언부를 형성한다. 곧

"아주 조용히 자던 아기가 갑자기 깨었다. 자동차가 신나게 달린다." 등에서 '갑자기 깨었다, 신나게 달린다' 등이 바로 새로운 용언부를 구성한 예이다.

부사어의 수식을 받는 피한정어(被限定語)는 그것이 문장 속에서 주어이든지 관형어든지 부사어든지 용언이기만 하면 다 부사어의 꾸밈의 대상이 되는 것이다.

"크게 명성을 떨침이 그의 소망이다, 빨갛게 핀 꽃이 샐비어이다, 비행기가 매우 높게 떴다." 등에서 '크게'가 주어 '떨침'을, '빨갛게'가 관형어 '핀'을, '매우'가 부사어 '높게'를 꾸미는 것이 바로 그 예이다.

그러면 시조 종장 첫 소절 3자를 다음과 같이 썼다고 할 때 이 3자는 독립적인가 비독립적인가?

"<u>나 또한</u> 삶에 대한 생각을 몇 번이나 곱씹었다."
"<u>또 나는</u> 삶에 대한 생각을 몇 번이나 곱씹었다."

'같이'라는 낱말을 생각해 보면, '같이'는 <u>부사어로 쓰이기</u>도 하고 <u>부사격조사로 쓰이기</u>도 한다. 예를 들면 "내일은 맛있는 점심을 모두 같이 먹읍시다."라 했을 때, 이때 쓰인 '같이'는 띄어 써야 하고 부사어가 된다.

그러나 "세월은 바람같이 지나간다." 하면 이 때 '같이'는 붙여 쓰고 조사의 역할을 한다.

이 때 사용된 낱말이 부사어냐 부사격조사냐를 구분하려면 '처럼'을 넣어보면 알 수 있다.

'내일은 점심을 모두처럼 먹는다.'는 문장 성립이 안 되고 '세월이 바람처럼 지나간다.' 하면 문장이 성립됨을 알 수 있다.

예문에서 보듯이 부사어는 띄어 쓰고 이 때 사용된 부사어는 용언을 수식하므로 명사+부사로 3자를 만드는 것은 불가하다고 생각된다.

'나 또한'이나 '또 나는'은 명사+부사의 형태가 된다. "또 나는" 할 때 "또"는 문장부사로 문장의 맨 앞에 놓였을 뿐이지만 결국 용언을 한정하는데 그치고 만다.

고시조나 근대시조에서는 이와 같은 낱말의 조합은 발견하기 어렵다. 고시조나 근대시조에서는 종장 첫 소절 3자는 언제나 독립적인 의미를 지닌 시어로 만들어져 있음을 참고로 했으면 한다.

그러면 왜 관형어+명사는 되고 부사+명사는 안 되는 것일까?

이유는 간단하다. 일반적으로 관형어는 언제나 명사네 앞마당에서 놀고 부사의 놀이터는 용언의 앞마당이기 때문이다. 명사가 부사는 싫어하고 관형어만 사랑한다. 부사는 명사를 싫어하고 용언만 쫓아다닌다. 여기서 우리는 종장 첫 소절 3자는 의미상 독립적인 낱말이 사용되어야 한다는 결론을 얻게 된다.

④
"공자 왈, 배우고 또 익히면 즐겁지 아니한가"라는 종장에서 '공자 왈'은 첫 소절 3자로 볼 수 있는가?

'왈'은 '말하기를'의 뜻을 나타내는 말로 한문 투이며 남의 말이나 글을 인용할 때 쓴다. 이 3자는 '공자+왈(曰)'로 3자로 보기보다는 하나의 문장으로 보는 것이 타당하다. '공자께서 말씀 하시기를'이라는 문장을 인용한 것이 된다. 부적합하다고 본다.

순수한 우리말에 외국어 또는 기호를 합성해 만드는 것은 첫 소절 3자로 보기 어렵다. 쉬운 예를 들면 "Y字로 맨 넥타이에 꽃그

림이 그려 있다."처럼 하는 것은 적절하지 않다.

　고시조나 근대시조에서 위에 열거한 방식(①③④)의 초장 첫 소절을 만든 것은 단 한 수도 없는 이유를 음미할 필요가 있다.

ㄷ. 연결어미나 접속조사로 연결 된 것도 사용 할 수 없다.
"낮추고 겸손해지면 마음 가득 행복해"(-고)는 연결어미로 and의 의미
"목련과 동백이 피는 눈부신 봄날 오후"(과)는 접속조사로 앞뒤 체언이 동격
"뜯기며 발로차이며 어린 시절 보냈다지."(며)는 연결어미로 and의 개념이다.
　앞말이나 뒷말이나 대등한 관계임을 나타내는 '-고' '과(와)', '며' 등은 앞 뒤 말 전체를 하나의 소절로 본다.
　즉 "낮추고 겸손해지면(8자), 목련과 동백이(6자), 뜯기며 발로차이며(8자)"까지가 종장 첫 소절에 해당 된다.

ㄹ. 아이야, 어즈버, 같은 고어 투의 말
　위와 같은 고어 투의 말은 이미 그 생명이 끝난 사장(死藏)된 말이다. 즉 현대를 사는 우리가 사용하지 않는 말이다.

ㅁ. 접속어와 계량하기 어려운 말; 그리고 그래서 그런데 등 접속어와, 이렇게 저만큼 등등 계량하기 어려운 말
　이러한 접속어는 이미 종장 자체에 내포 되어 있다. 계량화가 어려운 말은 독자와의 소통을 어렵게 만든다.

ㅂ. and의 의미를 지닌 -과(와), -고, -도-도, -디 같은 어미가 붙은 말
　예를 들면 '예쁘디예쁜', '하늘도 땅도', '모질고 뜨거운' 등등.

ㅅ. 명사의 나열 또는 기호와 결합된 말; 봄여름, A자로,

ㅇ. 분리하여 쓸 수 없는 말 ; -수, -디, -같은, -지
　-먹을 수 없는 땡감은(3,5), 도토리 같은 열매는(3,5), 보이지 않는 손길이(3,5),
　예쁘디 예쁜 눈동자(3,5) 과 같은 말은 '먹을 수 없는(5), 도토리 같은(5), 보이지 않는(5) 예쁘디예쁜(5) 까지 첫 소절이 된다. 통사적 언어로 보기 때문이다.
　이러한 말들은 분리해서 강제로 3자를 만들 수 없다.

ㅈ. 동일한 의미의 말과 하나의 낱말
　예; 돌기둥 주상절리; 같은 말, 도깨비방망이; 하나로 된 낱말

(2) 다음과 같은 3자는 허용되지 않는다.

　- 인생의 끈을 놓지 않으려고 살아간다. ('인생의 끈을' 놓지 않으려고)
　- 천상의 길을 묻듯이 하늘 보고 있구나. ('천상의 길을' 묻듯이)
　- Y字로 묶던 허물을 벗고 나비넥타이 달아요.(알파벳 Y는 말이 아님, 기호이다)

- 보이지 않는 공부가 가장 어려운 공붑니다.('보이지 않는'까지가 붙어 다니는 말)
- 예쁘디 예쁜 꽃밭에 호랑나비 앉아 있다.('예쁘디예쁜' 분리하여 사용 불가)
- 가오리 연꼬리 흔드는 허공에 바람 물결('가오리연+꼬리' 하나의 낱말)
- 꽃송이 같은 잎들이 하늘하늘 떨어진다.('같은'은 앞말에 붙임)
- 하얗고 빨간 등대가 앞바다를 꾸민다.(~고~ 까지)
- 비석도 산담도 없는 나지막한 무덤이다.(~도~도 없는 까지)
- 너는 또 가려고 하느냐, 내 가슴을 찢어놓고('또'는 부사어로 '가려고'를 수식)
- 봄여름 가을 겨울이 한꺼번에 지나갔다.(명사의 나열로 각 명사는 대등한 관계)
- 접속어 (그리고, 그래서, 그러나, 등등)

* 관형사와 관형어
관형사와 관형어; 품사로는 관형사이고 문장에서는 관형어라 칭함.
  ㄱ. 지시 관형사형 관형어; 이, 저, 그, 언, 무슨 등등
  ㄴ. 성상관형사형 관형어: 새, 헌, 옛, 맨, 온 등등
  ㄷ. 수 관형사형 관형어; 한 두세, 여러, 모든 등등
  ㄹ. "-의" 관형어; 명사+관형격 조사 '의'가 붙은 말
  ㅁ. 관형사(어)에는 조사가 붙지 못하고 어미 활용이 안 됨
  ㅂ. 술어(동사, 형용사)에 'ㄴ'이나 'ㄹ'로 어미변화를 하여 관형어로 사용되나 위에서 언급한 관형사와는 그 성격이 완전히 다르다.

관형어는 뒤에 오는 체언을 수식하는 말이다. 관형사는 어미변화를 하지 못하나 동사나 형용사가 관형어로 쓰일 때는 어미변화를 한다. 예를 들면 '옛 친구'에서 '옛'은 조사가 붙을 수 없고 어미변화를 하지 못한다.
 옛에 친구(×) 그러나 동사인 '먹다'는 → '먹으니, 먹어서, 먹으며,'처럼 어미변화를 하며 관형어로 만들려면 '먹는'처럼 'ㄴ'을 붙인다. 형용사 '예쁘다'는 → '예쁘니, 예뻐서, 예쁘므로'처럼 어미변화를 한다.
 지시 관형사 이, 저, 그 등은 가능하면 피하는 것이 좋다. 이런 관형사는 계량화 할 수 없기 때문에 독자와의 소통을 어렵게 만든다.
 관형사 '의'에 대해서는 별도로 설명한다.
 결론적으로 일반관형어는 어미변화를 시켜 종장 첫 소절에 사용하는 것은 큰 장애가 되지 않으나, 관형격 조사 '의'를 붙여 만든 관형어는 "명사+의+명사"의 형태로 전체가 한 덩어리가 되어 완전한 의미를 만들어 내기 때문에 가능하면 피해는 것이 작품의 품격을 높이게 된다.
 관형사+명사에 조사를 붙여(옛 집에, 헌 옷이) 3자를 만드는 것도 문제시 되지 않는다.

6. 종장 둘째 소절의 문장 성분

　고시조나 근대시조를 살펴보면 종장 둘째 소절에 관형어를 둔 경우가 거의 없다.
　고시조 약 5천여 수에서는 한 수도 발견하지 못하였고, 근대시조 6천수에서는 7수 정도 발견하였다. 이는 시조 정체성을 밝히는데 대단히 중요한 단서가 된다.
　종장 둘째 소절은 관형어 또는 관형어 구를 제외한 다른 어구로 만들어진다고 볼 수 있다.

　　냇가에 해오랍아 무슨일 서 있는다
　　무심한 저 고기를 여어 무삼 하려는다
　　아마도 한물에 있거니 잊어신들 어떠리
　　　　　　　　　　　　　　－ 신 흠 －

　'한 물에 있거니'에서 '-니'는 연결어미로 둘째 소절은 부사어 역할을 한다. 이처럼 고시조는 관형어인 '은(는)' 또는 '을(를)'을 두지 않은 것이 특징이다.
　관형어 외에는 모든 문장 성분이 다 올수 있다. 즉 '구중심처에/부사어' '지나는 객이/주어' '해묵은 서리를/목적어' 반길 이 없으니/연결어미. 부사어 역할 '같은 경우이다.
　근대시조 중에서도 관형어를 둔 경우는 단 7수밖에 안 된다. 이는 없는 것과 같다.

예문1
   백운대/김약한
     - 둘째 수

가벼운 새벽 바람에 내몸을 싣고서
꽃피인 동산을 활활히 들어가니
아마도 <u>장생불사할</u> 신선 찾아 가는 듯

예문2
   한글/서명호
     - 세째수

제 안에 품은 뜻을 못 다 펴는 그 설움은
주리고 추운 괴롬 그에 비겨 더 하거든
이 글자 <u>지으신 이의 깊은</u> 뜻을 알쾌라

  이러한 종장 마감은 이 작품을 포함해 단 7 수뿐이다. 관형어로 된 것이 4수, 관형어를 중복 사용한 것이 3수이다.
  예문 1은 종장 둘째 소절에서 관형어를 한 번 사용한 예로 "장생불사할 신선"까지가 둘째 소절이 되므로 음수 배열은 3.7. 2.3 이거나 3.7, 5.0가 될 것이다.
  예문 2는 종장 둘째 소절이 "지으신 이의 깊은 뜻을"까지이다. 이때 음수는 3.9, 3.0이 된다. 예문1이나 2 모두 과음수가 되고 소절수가 모자라게 된다. 따라서 종장의 정체성을 벗어나게 되는 현상이 벌어진다.
  고시조나 근대시조에서 이처럼 관형어를 두지 않은 이유는 무엇일까?
  둘째 소절의 의미가 명사에서 강조되기 때문이다. 즉 관형어+명사 까지가 둘 째 소절로 인식되기 때문이다. 소절은 한 호흡의 휴지가 생기는 곳이기 때문에 둘째 소절이 길게 되면 호흡 단위가 달라지기 때문이 아닐까 한다. 예를 더 든다면 '나비는√ 흐벅진 꽃밭에서√ 하루 종일 √ 꿀을 빤다.' 라는 예문에서 휴지(休止)를 두는 곳은 √한 자리가 된다.
  '관형어+명사' 임을 잊지 말아야 한다.

  이러한 비정상적인 시작법은 시조의 창작 원리를 제대로 이해하지 못한 탓이다.
  현대시조에서는 창작시 이를 대수롭지 않게 여기거나 또는 무심하게 여기는 경향이 있고 시조를 배울 때 제대로 배우지 못한 영향이 크게 작용하고 있음을 말해주는 것이다.
  '하물며 또 다시 없는 이 보배를 위함에랴' 가람의 '한힌샘 스승님' 다섯째 수
  '아마도 장생불사할 신선 찾아 가는 듯' '백운대/김약한' 둘째 수
  이러한 예들은 단순히 음수만 보면 맞는 것처럼 보이지만 소절수를 따져보면 맞지 않는다. 관형어를 배치하면 소절수가 바뀌게 되는 이치를 바르게 인식해야 한다.

  현대시조 예문

   시심의 과녁/***
    ―넷째 수

겨냥의 소망 뻗어 과녁의 문장 글판
신비한 인생 향기 세월의 눈빛까지
여정에 꼭 <u>새기고픈</u> <u>초록불</u>의 빛이여.

고시조나 근대시조에서 발견하기 어려운 이러한 시어의 배열은 당시에 그런 말이 없었다기보다는 있었지만 의식적으로 피해갔다는 얘기가 맞을 것이다. 시조의 각 장은 4개의 소절로 이루어진다는 원칙을 지키기 위해 시어를 절제한 모습을 알아야 한다.
 만약 시조의 외적 형식이 3.4.4.4처럼 된 음수의 배열이라고 인식한다면, 또 종장 첫마디는 3자는 독립적인 의미를 내포한 어휘를 사용해야 한다는 규칙을 알고 있다면,
 그러한 인식은 고시조나 근대시조의 모습이 대부분 그렇게 구성되어 있기 때문일 것이다.
 그렇다면 종장 둘째 소절의 문장 성분도 우리가 지켜야 할 규칙의 하나가 되어야 할 것이 아닌가?

서쪽의 온도/***
 -첫 수

노을을 펼쳐두고 함께 걷던 언젠가
당신은 길가에 핀 달맞이꽃이 궁금하고
나는 또 괭이갈매기 울음소리에 기대고

이 작품의 종장 둘째 소절을 보면 "괭이갈매기"를 5자로 본 것 같은데 이는 완전히 잘못 보고 있는 것이다. 종장 말미 '기대다'에는 무엇이 기대야 하는가?

'괭이갈매기의 울음소리'이다. 그러므로 관형격 조사 '-의'만 생략 되었을 뿐이지 의미상으로는 두 소절(괭이갈매기 울음소리)이 하나의 낱말처럼 쓰이고 있기 때문에 둘째 소절은 9자가 된다. 여기서 '괭이갈매기'는 관형어 또는 합성명사의 역할을 한다.

또 첫 소절 3자를 "나는(주어)+또(부사어)로 만들어졌기 때문에 비독립적이다. 여기서 쓰인 '또'는 '기대다'라는 술어를 수식하는 관계이다. 그러므로 이 작품의 종장은 다음과 같이 구성되었다 본다.

"나는/ 또/ 괭이괄매기 울음소리에 /기대고//"처럼 짜인 소절이다.

종장 말미 역시 '기대고'처럼 마감되어 문장이 아직 끝나지 않은 상태에 있다. 단시조 한 편은 완결성을 요구한다. 즉 현재형 술어 마감을 요구하는데 이 작품의 종장 처리는 이러한 여러 규칙들을 벗어나고 있다 하겠다.

더욱 눈여겨 볼 점은 중장과 종장의 관계이다.

"중장 ; 당신은 길가에 핀 달맞이꽃이 궁금하고
 종장; 나는 또 괭이괄매기 울음소리에 기대고"

중장과 종장은 연결성이 없는 별개의 문장이다. '달맞이꽃이 궁금하기 때문에 종장이 만들어지는 것은 아니다. 그러므로 and로 만들어진 별개의 두 문장이다.

그렇다면 종장은 아직 만들지 못하고 있는 상태이고 중장만 "당신은 길가에 핀 달맞이꽃이 궁금하고/나는 또 괭이괄매기 울음소리에 기대고"처럼 늘어나게 된다.

시조의 종장이 강조되는 이유는 모든 핵심요소들이 종장에 집중되기 때문이다.

첫 소절 3자, 둘째 소절, 넷째 소절의 마감방식, 화자의 결의 등은 어떤 시형에서도 찾아볼 수 없는 독특한 방식으로 이러한 특징이 어우러진 시형이다.

그러므로 민족의 유산이며 온 인류가 즐겨야 할 문화유산이 되어야 하는 것이다.

7. 종장 말미의 마감방식

　고시조는 종장 말미가 모두 현재형 술어로 닫혀(마감되어) 있다. 근대시조 역시 5수미만의 작품은 열려(마무리가 안된 상태)있고 나머지는 모두 닫혀 있다. 5수 미만이라 별 의미는 없다.
　닫혀 있다는 의미는 화자의 각오가 확연하게 드러나는 심리적 상태를 표현하는 것으로 절대 변할 수 없는 시조 정체성 중 하나라 볼 수 있다. 이러한 방식으로 마감된 작품을 '완결(닫은) 시조' 그렇지 않은 작품을 '미결(열린) 시조'라 볼 수 있다.
　이 때 사용된 술어는 과거형이 아닌 현재형이다. 이는 작가의 현재 심리적 상태를 글을 쓰는 현재의 시점에서 표현한 것이기 때문이다.
　아래 예문을 보기로 한다.

　　– 이화에 월백하고 은한이 삼경인제
　　　일지 춘심을 자규야 알랴마는
　　　다정도 병인양 하여 잠 못 들어 하노라
　　　　　　　　　　　　　　– 이조년 –

　　– 방 안에 혓는 촛불 눌과 이별 하였관대
　　　눈물 흘리며 속 타는 줄 모르는고
　　　우리도 저 촉불 같아야 속 타는 줄 몰라라(현재형)
　　　　　　　　　　　　　　– 이 개 –

- 구름이 무심탄 말이 아마도 허랑하다
  중천에 떠 있어 임의로 다니면서
  구태여 광명한 날빛을 따라가며 덮나니(현재형)
                           - 이존오 -

- 북창이 맑다커늘 우장 없이 길을 나니
  산에는 눈이 오고 들에는 찬비로다
  오늘은 찬비 맞았으니 얼어 잘까 하노라(현재형)
                           - 임 제 -

예문에서 보듯이 고시조는 하나 같이 종장 마감을 현재형 술어로 하고 있다.

냇가에 섯는 버들 삼월춘풍 만나거다
꾀꼬리 노래하니 우줄우줄 춤을 춘다.
아마도 유막풍류니 입춘에도 썼더라
                 - 김진태 -

김진태의 작품은 고시조 5천여 수중에서 유일하게 과거형으로 된 작품이지만 그 화자의 행위는 현재형이다. 즉 과거를 회상하는 현재의 심적 상태로 이는 화자의 각오나 결의가 없이 어떤 상태를 그려내고 있는 열린 시조이다. 즉 작가의 심리적 상태(감정)가 실리지 않는 작품이다. 유일하게 전해오는 이런 유의 작품이 정체성의 한 요소는 되지 못한다는 것은 너무나 당연하다.
근대시조 6천수 가운데 과거형 술어를 쓴 작품은 다음 작품 단 하나뿐이다.

참음/노천명
 -첫 수

이 가슴 맺힌 울분 불꽃 곧 될양이면
일월도 녹을 것이 산악 어이 아니 타랴
오늘도 내 맘만 태며 또 하루를 보냈노라

이처럼 고시조나 근대시조는 예로 든 작품 외에, 종장의 마감은 모두 현재형인데 그 이유를 요약하면
 첫째 글을 쓰는 시점이 현재이기 때문이다.
 둘째 화자의 결의를 다지는 화자의 심리적 상태 역시 현재이다.
 셋째 과거형은 과거의 사실을 나타내는 설명문이 되기 쉽다.
 넷째 영원한 생명력을 유지하기 위해서는 현재형으로 해야만 한다.

 이러한 특성은 시조의 외형 못지않은 중요한 정체성으로 자유시와 변별력을 갖게 되는 중요한 포인트이다. 따라서 고시조의 외형적 특성만을 지킨다면 이러한 보이지 않는 특성도 반드시 지켜야 하며 이 역시 시조 정체성 중 하나가 되어야 한다고 본다.
 그러면 근대시조는 이러한 특성을 이어 받았는지 조사해 볼 필요가 있다.
 앞에서 살펴 본대로 종장마감을 명사로 하고 음수만 맞으면 된다는 논리는 시조의 내적 형식(문장 구조)을 무시하는 것이다. 이러한 고시조의 정체성은 근대시조에 와서도 그대로 반영되어 정체성을 이루는 근간이 되고 있다. 근대시조에서 일시적으로 나타났던 명사형 마감이 사라지고 최남선에 의해 시조의 부흥운동이 일어난

이후부터는 고시조의 모습대로 복원되었는데 이는 바로 고시조의 전통적인 특성을 그대로 살려 계승시킨다는 취지이다. 그러나 시어의 구성면에서는 고시조와 근대시조는 현격한 차이가 나는데 이는 서구에서 들어 온 자유시의 영향으로 서정성, 즉 미학적 측면에 무게의 중심이 옮겨졌다는 것을 의미한다.

특히 이병기는 뛰어난 언어감각으로 작품을 새롭게 접근하였다. 『근대시조대전; 임선묵』에 수록된 작품 중에는 종장 말구를 생략한 작품은 몇 있기는 하나 여타 작품은 모두 현재형 술어 마감이다. 이는 무엇을 의미하는가? 시조는 전통문학으로 전승(傳承)되어야 함을 강조하고 있는 것이다.

그러나 현재 많은 작가들이 술어로 마감을 하지 않고 명사(체언)로 마감을 하는 것은 자유시를 모방하거나 시조의 정체성을 제대로 이해하지 못한 오류에서 비롯된 것으로 보인다.

시조의 외적 형식인 음수율이 3.4.3.4라는 형식이 시조정체성의 핵심이라면 종장 말구의 술어 형 마감 역시 버릴 수 없는 중요한 내적 형식의 정체성이라 할 수 있다.

외형이 겉모습이라면 내형(內形)은 혼이다. 이런 정체성을 상실한 작품은 시조가 "전승되는 전통예술"이라는 점을 간과하고 있는 결과이다. 말하자면 시조(時調)의 형식에 시(詩)의 창작 기법을 접목한 돌연변이 형태라고 필자는 말하고 싶다.

시조의 예술성(가치)은 시각적인 겉모습이 아니라 내면에 자리 잡은 언어의 새로운 감각을 찾아내어 형식에 맞추는 데 있다.

참고로
이병기의 대표작 두 편을 소개하고자 한다.

난초1/ 이병기

한 손에 책을 들고 조으다 선뜻 깨니
드는 볕 비껴가고 서슬바람 일어오고
난초는 두어 봉오리 바야흐로 벌어라.

비/이병기

짐을 매어놓고 떠나려 하시는 날
어둔 새벽부터 시름없이 내리는 비
내일도 내리어소서 연일 두고 오소서.

부디 머나먼 길 떠나지 마오시라
날이 저물도록 시름 없이 내리는 비
저으기 감기는 정은 나보다도 더하오

잡았던 그 소매를 뿌리치고 떠나신다.
갑자기 꿈을 깨니 반가운 빗소리라
매어둔 짐을 보고는 눈을 도로 감으오.

 이광수, 최남선, 정인보, 김상옥, 조운 등등 당시 시조시인들의 작품 역시 종장 마감은 현재형 술어로 마감하였음을 알 수 있다.
 이처럼 종장의 마감방식은 현재형 술어가 원칙이다. 고시조나 근대시조 모두 이런 형식을 지키고 있기 때문이다. 특히 고시조에서는 '-하노라, 하여라' 같은 허사(虛辭)를 사용하여 현재시제를 나타내고 있지만 근대시조부터는 실사(實辭)가 사용되기 시작한다. 그러므로 앞서 말한 대로 자유시에 전통시조를 접목하는 것은 있을 수 없다고 본다. 현대시조에서는 문장을 세련되게 다듬거나 강조하는 의미에서 도치법을 많이 사용하는데 이때 명사형 마감은 아무런 문제가 되지 않는다.

  작가가 글을 쓰는 시점이 현재기 때문에 초장이나 중장에서는 과거형 술어가 쓰여도 무방하지만 종장에서는 반드시 현재형 술어를 사용해야 한다. 시조의 특성 중 하나이다.

  고시조나 현대시조처럼 작품의 생동감과 영원한 생명력을 위해서는 현재형 술어가 필요한 것은 아주 당연하다. 과거형은 어떤 일이 벌어졌던 사실을 말하는 것으로 설명문이 되기 쉽다.

8. 종장 말미를 명사로 마감해도 되는가?

　종장 말미(末尾)의 진짜 정체성은 무엇인가?
　근자에 각 시조잡지에 게재되는 작품을 보면 종장 말미의 마감이 제 각각이라 정체성에 대한 혼란을 야기한다. 따라서 이 문제에 대한 문제를 제기하고 어느 방법이 정체성을 지키는 가장 합리적 방안인지 함께 검토해 보기로 한다.

1) 명사(체언) 마감

　고시조나 근대시조는 체언(명사형) 마감을 발견하기 어려우나 현대시조에서는 의외로 많은 이들이 이를 선택하고 있다. 결론부터 말한다면 종장 말미에 사용된 체언(명사)이 보조관념으로서 그 역할을 충실히 하고 있다면 문제 될 것 없다고 본다, 술어격 조사 '다(이다)'를 생략했다고 보기 때문이다. 그러나 원관념과 보조관념의 관계가 모호하다면 이는 잘못 된 것이다. 이런 경우는 대개 화자의 결의가 없는 설명문이 되기 쉽다.
시조 초장이나 중장에서는 몰라도 종장에서만은 술어격 조사 '다'를 생략하는 것도 올바른 방법은 아니다. 왜냐하면 화자의 결의(가오)가 분명히 나타나야 하기 때문이다.
예를 하나 들어본다.
　'하나도/ 아프지 않은/ 웃음 헤픈/ 고샅길'「눈 오는 날」/***
　이 문장은「눈 오는 날」이라는 시조의 종장이다.
　　보조관념으로 쓰인 '고샅길'이 원관념인 주제 '눈 오는 날'을 의미하는지 보아야 하고 더구나 '고샅길'이 화자를 심정을 대변할 수 있는 비유의 대상(보조관념)인지도 검토해야 한다.

'고샅길이다'에서 조사 '이다'를 생략했다고 보면 고샅길이 웃음 헤프다는 설명문이 되어 화자의 결의나 각오는 전혀 반영되지 않는다.

고시조에서 창으로 부르기 위해 넷째 소절의 술어를 생략한 것과는 근본적으로 다르다. 창으로 부른다고 가정하면 '고샅길'을 부르지 않아야 하므로 '웃음 헤픈'까지만 불러야 한다. 이렇게 되면 문장이 중간에서 끊기게 되어 더욱 의미 전달을 어렵게 만든다.

하나 덧붙여 설명하고픈 소절은 둘째 소절 '아프지 않은'이라는 표현이다. 고시조나 근대시조의 정체성을 따른다면 이 '아프지 않은'은 관형어로 웃음을 꾸며주는 말로 '웃음'까지가 둘째 소절이 된다.

"하나도/ 아프지 않은 웃음/ 헤픈 고샅길//"이 되어 문장이 성립되지 않는다.

이 종장의 '고샅길'이 주체가 되고 앞에 오는 모든 관형어는 '고샅길'을 수식하는 말이므로 소절로 본다면 두 소절만 있는 모양을 취하게 된다.

① 원관념과 보조관관념에 대한 이해

원관념(元觀念)은 비유법에서, 비유하여 표현하고자 하는 실제의 대상이나 의미를 이르는 말이고 보조관념(補助觀念)은 수사법에서 원관념의 뜻이나 분위기가 잘 드러나도록 비유되는 말이다. "아기는 꽃이다." '아기'는 원관념이고 '꽃'은 보조관념이다.

이 때 술어격 조사 '이다'를 생략하여 '아기는 꽃'이라고 해도 의미상 문제는 없다. 그러나 시조 종장 말미에서 '아기는 꽃'이라고 마감하는 것은 바람직하지 않으며 정체성이 아니라고 본다. 고시조나 근대시조에서 이 같은 마감 방식은 없기 때문이다. 즉 작가의 감정을 종장 말미에서 반드시 종결을 짓지 않은 것이 거의 없다.

시조를 짓 건, 시를 짓 건 간에 시인이라면 이 원관념과 보조관념이 상호 어떤 관계를 유지해야 하느냐 하는 것쯤은 분명하게 이해해야 한다고 본다.

고시조는 제목이 없기 때문에 원문에서 도입된 보조관념은 대체적으로 작가 자신이 되지만 근대시조나 현대시조는 제목이 있기 때문에 더욱 조심스럽게 사용해야 한다. 제목은 작가 자신을 은유적으로 표현하기 때문이다.

    청산리 벽계수야 수이감을 자랑마라
    일도 창해하면 돌아오기 어려우니
    명월이 만공산 하니 쉬어 간들 어떠리
                      - 황진이 -

'벽계수', '명월'이 보조관념이고 원관념은 이종숙과 황진이이다.

고시조에서는 대개 어느 장(章) 중에서 보조관념을 사용하며 본관념은 숨겨두는 경우가 대부분이다.

그러나 현대시조에서 종장 후구에 현재형 술어대신 명사로 마감하게 되면 이 때 사용된 체언(명사)은 조보관념으로 쓰인 것이고 이 때 붙인 제목은 대개 작가 자신의 얘기가 된다. 즉 작가의 심정을 대변하는 사물이 된다.

눈 맞아 휘어진 대를 뉘라서 굽다던고
굽을 절(節)이면 눈 속에 푸를소냐
아마도 세한고절은 너뿐인가 하노라
원천석

이 작품은 고시조라서 제목이 없다. 만약 이 시조에 제목을 붙인다면 '절개' 또는 '선비 지절'쯤이 안 될까 싶다. 작가가 말하는 '대(竹)'는 어떤 사람의 지절을 나타내는 보조관념으로 쓰인 것이지 대나무나 푸르다는 사실을 설명하고 있는 것은 아니다.

그러면 원관념은 무엇일까? '절개' 또는 '선비'가 될 것이다. 이 때 말하는 절개나 선비는 바로 화자 자신이다. 자기는 비록 반대세력에 의해 꺾이고 있지만 자기의 지절만은 대나무처럼 푸르겠다는 의지이다. '세한고절(歲寒高節)은 너뿐인가 하노라'는 대나무를 지칭하는 말이지만 자기도 대나무처럼 변치 않겠다는 강력한 의지를 표방하고 있다. '너'라는 인칭대명사 역시 보조관념이다. 원관념은 '나'이다.

대나무(보조관념)는 절개가 되고 이는 곧 자신(원관념)이다.

만약 이 작품의 종장 후구가 "아마도 세한고절은 너뿐인가"처럼 끝내지 않고 '하노라'라는 허사를 빌어 마감한 이유를 알아야 한다.

시는 자기 자신의 독백이란 말이 여기서 나온 말이 아닐까?

근대시조 예문을 하나 들어보면

고국의 그리움/이 작

봄 동산에 두견새가 새벽하늘 이슬 맞고

애처롭게 피를 토해 영산홍을 읊어내니
대장부 고향 그리는 심사 눈물 겨워 하노라.

　위 예문에서 '두견새'나 '대장부'는 작가 자신이다. 이처럼 고시조나 근대시조의 원관념과 보조관념의 사용은 작품 안에서 나타난다. 그러나 현대시조는 자유시의 영향을 받아 종장 말미에 명사(보조관념)를 두어 마감하는 경우가 허다한데 과연 이 경우에 주제와 제목과 보조관념과 원관념이 어떤 관계를 유지하고 있는 지를 살펴봐야 한다. 이러한 상호관계가 나타나지 않으면 이는 설명문이 되기 쉽다.
　다음 예문을 본다.

예문;

달항아리3/*
　-실금
허연 뼈 자디잘게 부서지는 한 생이여
금 간 자리마다 피가 배여 나올 듯
촘촘히 가슴에 새긴 경전 같은 저 말씀

　이 예문에서 원관념은 '달 항아리'이고 종장 끝의 '저 말씀'은 보조관념이라 할 수 있는가?
　'저 말씀'이 보조관념으로 쓰인 것이라면, 종장은 '촘촘히 가슴에 새긴 경전이다. 저 말씀은'처럼 문장이 짜여야 하나 소절 음수가 맞지 않으므로 '가슴에 새긴 경전이다, 촘촘하게 적은 말씀'처럼 다시 짜야 한다. 제목이 '달 항아리의 실금'이 되어야

'실금'은 '말씀'된다. 만약 제목을 그냥 두고 원관념을 살리려면 "가슴에 말씀을 새겨 경전으로 삼는다."처럼 하면 제목을 그냥 두어도 된다고 생각한다.

종장을 다시 살펴보면 "촘촘히 가슴에 <u>새긴</u> 경전 <u>같은</u> <u>저</u> <u>말씀</u>" '새긴 말씀, 경전 같은 말씀, 저 말씀이 된다. 관형어의 중첩 시용으로 전구(句)는 "촘촘히 가슴에 새긴 경전 같은 저 말씀/" 까지가 된다. '말씀'은 체언으로 앞에 오는 관형어 구와 어울려야 완벽한 둘 째 소절이 된다. 따라서 음수는 3.12/0.0 과 같은 기형이 된다. 고시조에서는 종장 둘째 소절이 관형어로 된 것이 한 수도 없다.

이는 무슨 이유일까?

특히 종장 둘째소절에서 관형어가 나오면 그 다음의 체언(명사)까지 붙여놔야 보다 확실한 의미단위로 짜이게 된다.

아버지/***

입춘절 무렵이면 쟁기를 손보셨지
겨릿소 다독이며 쟁기질 도맡았고 (and 개념)
한 평생 흙만 파시던 찰 <u>농사꾼</u> <u>아버지</u>.

이 작품은 아버지에 대한 설명문이다. 시적인 요소가 별로 들어가 있지 않기 때문이다. 원관념도 아버지이고 보조관념도 아버지이다. 또 '농사꾼'도 보조관념으로 '아버지'를 의미한다. 따라서 종장 끝의 '아버지'는 잘 못된 마감이다. 대부분의 경우 종장 끝의 체언(명사)은 술어격 조사 '다(이다)'가 생략된 것으로 볼 수 있는 데 이런 문장은 대부분이 작가의 결의가 없는 원 관념에 대한 설명문이 된다.

  제목도 어색하고 종장 후구의 마감이 '아버지'로 되어 아버지에 대한 설명문이 되고 만 느낌이다. 원관념인 '아버지'의 이미지를 살리려면 종장 구 '찰 농사꾼 아버지'는 '한평생 흙을 파신 농사꾼 오늘 따라 보고싶다.'처럼 짜는 게 차라리 났다고 본다. 이렇게 되어야 화자의 감정이 실리게 된다.

예문

    숨비소리/***

    푸르게 잠든 바다 날숨마저 고요하고(and)
    은빛 날개 접어들고 숨죽이던 달빛이여
    호오이 숨 비우는 소리에 놀라 떠난 <u>기러기</u>

  각 장의 연결성과 독립성 그리고 '기러기'가 보조관념으로 쓰인 것인지 살펴 볼 필요가 있다.

  보조관념이 되지 못한다. '기러기'는 '숨비소리'의 보조관념이 되지 못한다. 만약 '숨비소리'에 놀라 기러기가 떠난 것이라면 완전 설명문이 된다.

  문장의 독립성을 살펴보면 초장과 중장은 별개로 된 하나의 문장이다. '고요하고'의 '고'가 and의 개념으로 쓰였기 때문이다. '고요하면' 또는 '고요하게'처럼 연결어미가 '면'이나 '게'가 되어야 중장이 성립하게 된다.

눈물꽃/***

젊어 한때 우리 엄마 꽃밭은 어디 두고
힘들게 앉은 자세 꽃받침 같은 모습
저렇게 하늘을 지고 방울지는 눈물 꽃

종장 말미의 '눈물꽃'을 보조관념으로 볼 수 있는가? 제목이 '눈물 꽃'이기 때문에 보조관념이 아니다. 원관념이다. 완전 설명문이다. 만약 '방울지는 눈물이다.'처럼 마감을 하면 어떨까? '지는 꽃이 눈물이다.'라는 은유가 되어 시조의 정형성은 무너지지 않게 된다.

종장 첫 소절 '저렇게'는 말은 독립적이지만 계량화가 어려운 말이다. 이만큼, 이렇게 등도 독자는 그 정도를 헤아릴 수 없기 때문에 적절한 첫 소절 3자로 쓰기에는 부족함이 있다.

뿔/***
— 둘째 수

어느 골짝 먼 물소리 귀 기울여 보다가
한 방울 젖을 때면 키를 늘인 연둣빛
비집고 나섰습니다, 아직 추운 이 둘레

이 작품은 중장에 문제가 있다. "한 방울 젖을 때면 키를 늘인 연둣빛 비집고 나섰습니다"까지가 중장이다. 종장 말미 '이 둘레'는 보조용언이 아니다. 즉 은유가 되지 못한다.

만약 '뿔'이라는 주체가 연두 빛을 비집고 나선 것이라면 비집고 나선 것이 뽈이 되어야 하고 '둘레에서' 조사를 생략한 것이라면 뽈 둘레가 아직 춥다는 의미가 되므로 어색하기는 마찬가지이다.

중장을 "한 방울 젖을 때면 아직 추운 이 둘레에/비집고 나섰습니다, 키를 늘인 연둣빛"처럼 하면 이 때 '연둣빛'은 제목 '뽈'의 보조관념으로 쓰인 것으로 뽈처럼 돋아나는 새싹을 비유한 것으로 이해된다.

예문

가파도 청보리밭/***

연두 빛 머리카락 날리며 <u>돌아오는</u>
<u>볼우물 부비고 싶은 오월의 언덕이여</u>
<u>어멍</u>*의 시린 뒤태가 끌고 오는 <u>바람소리</u>

어느 녘 바람결이 이토록 <u>달디 단가</u>
바람도 못다 불고 휘어져 <u>날아가는</u>
가파도 청보리밭에 살랑팔랑 <u>숨비소리</u>

이 작품은 첫 수는 초장 후구에 관형어 '돌아오는'으로 마감하였고, 둘째 수는 중장 후구를 '날아가는'으로 마감하여 장의 독립성이 훼손되었다. 종장 말미 역시 '바람소리'와 '숨비 소리'로 마감하여 보조관념으로 사용하였다. 여기서 쓰인 보조관념은 원관념인 '가파도 청보리밭'을 의미하는지 살펴봐야 한다. 종장이 '가파도 청보리밭'이라는 설명문임을 쉽게 알 수 있다.

　살펴본 바와 같이 명사로 종장 말미를 마감하는 것은 자유시에서는 자연스럽지만 시조에서는 이런 방식의 미감은 없다.

　명사로 마감할 시는 원관념, 보조관념, 작가자신과 모두 일치할 때 작품성이 돋보이게 나타난다. 특히 제목에 나타난 원관념을 반복하여 마감하게 되면 이는 앞뒤가 안 맞는 작품이 되기 쉽다.

　그러나 엄밀한 의미에서 시조의 종장 말미는 현재형 술어 마감이 정체성이다.

　끝에 놓인 명사(체언)가 보조관념으로 쓰였다 치더라도 술어로 마감하는 것이 올바른 방법이라 말 할 수 있다.

　시를 해석하는 방법처럼 명사 마감이 해석상 의미가 있느냐 없느냐 만을 기준으로 삼는다면 구태여 시조라는 전통 문학을 배울 필요가 없다고 생각한다.

　지금까지 살펴본 바로 얻은 결론은 다음과 같다.

　현대시조는 제목이 반드시 붙음으로 대개는 제목이 화자 자신을 말하는 보조관념으로 쓰이는 것이 원칙이다. 따라서 종장 말미를 명사형(체언)으로 마감하는 것은 바람직하지 않다. 보조관념은 고시조처럼 본문에서 사용되는 것이 바람직하다고 본다.

　명사로 마감하게 되면 술어격 조사 '다(이다)'를 생략한 것이 되므로 제목에 대한 설명문이 되기 쉽다. 설명문은 화자의 결의가 배제된 문장이므로 종장에서 화자의 각오나 결의를 나타내야 한다는 종장의 정체성을 벗어나는 결과를 초래한다.

　명사로 마감을 하더라도 화자의 결의가 나타나도록 하는 기법의 연구가 절대 필요한 부분이다.

달11/***

지는 달 뜨는 달 평생을 경영하고
아무리 셈을 해 봐도 도둑맞은 것 같다
은박지
일회용 접시 하나 남은 빈 접시

 이 예문에서 종장 의 마감 방식은 '접시'라는 체언이다.
 이 '접시'는 보조관념이다. 즉 주제인 '달'을 대신하여 쓰인 말이다. 그렇다면 작가인 화자와 '달'이라는 원관념과 '접시'라는 보조관념은 어떤 관계인가를 살펴보자.
 '접시'는 둥근 모습의 달과의 인접성에서 나온 환유이다. 비유가 적절하다고 본다. 시는 화자 자신의 얘기이므로 자신이 평생 일군 업적이 빈 접시 같다는 말이기도 하다. '달'이라는 주체는 '자기 자신'을 나타내는 보조관념이 되기도 한다. 따라서 '빈 접시' 역시 자기 자신이 된다. 그러므로 '달=빈 접시=화자 자신'이라는 등식(等式)이 성립된다. 보조관념은 이런 식으로 써야 한다, 이 종장은 중장과 도치된 문장으로 보면 된다.
 비록 시조의 종장 말미 마감방식은 현재형 술어가 아닐지라도 원관념과 보조관념의 관계의 설정은 잘 되었다고 본다. 그렇다 하더라도 시조의 정체성은 벗어나 있다. 종장 마감이 안 되었기 때문이다. '접시'라는 체언(명사형)마감보다는 '접시를'처럼 목적격 조사를 쓰거나 '빈 접시다.'처럼 술어격 조사 '다'를 생략하지 말아야 한다.
 이상 여러 예문을 가지고 살펴본 대로 시조 종장마감을 체언(명사)로 하는 것은 단순히 문장이 성립 되느냐 또는 술어격조사 '다

(이다)'를 생략한 것이냐의 문제가 아니라 원관념을 대신하는 보조관념으로의 역할이 제대로 되었는지 또 작가 자신과의 관계 설정은 잘 되었는지를 가지고 판단하여야 한다.

시조에서 종장 말미의 마감 방식은 현재형 술어라는 점을 잊지 말아야 한다. 즉 문장이 성립되느냐 아니냐의 문제가 아니라 시조 정체성을 벗어났느냐 아니냐에 관한 문제임을 기억할 필요가 있다.

'달=빈 접시=화자 자신'이라는 등식이 성립된다고 하더라도 종장 말미의 술어는 반드시 현재형 술어로 마감해야 된다는 것이 필자의 주장이다.

제목이 〈나비〉라는 작품의 종장이 "꽃자리 향기만 찾는 염치없는 탁발승"이라 했을 때 '향기만 찾는'이나 '염치없는'은 모두 탁발승을 수식하게 된다. 이런 경우에는 도치법을 쓰면 아주 효과적이다.

"꽃자리 향기만 찾는다, 염치없는 탁발승"처럼 마감을 하면 모든 문제가 해결된다.

종장 말미에 사용된 '탁발승'은 제목 '나비'의 보조관념이 된다.

2) 조사나 연결어미로 마감

부자나무/***

금산사 옆 마당에 잘 자란 노송 하나
구도자 소원하는 나무 밑 작은 돌탑
마음 속 소망하는 부부 두 손 모아 <u>기원을</u>.

* 부자나무; 금산사 영내에 있는 노송을 칭함

이 작품은 종장 말미를 목적격 조사로 끝냈다. '기원을' 빈다는 얘긴지 다른 얘긴지 작가의 의도가 불확실하다. 초장의 '노송 하나'가 주체인 것 같은데 중장의 '작은 돌탑'은 또 무엇이지 분명 치 않다. 3장 어디에도 술어가 없어 문장이 계속 되고 있음을 암시 한다. "부자나무"에 대한 설명문에 가깝다. 의인화 한 것도 아니 고 '기원을' 어쨌다는 것인지 독자들은 알 길이 없다.

만약 이 작품을 "금산사 옆 마당에 잘 자란 노송 하나가 있는데 구도자가 소원하는 그 노송 밑에는 작은 돌탑이 있고 마음속으로 빌고 있는 부부가 두 손 모아 기원을 한다."로 해석 한다면 이는 설명문이거나 묘사문이 된다.

그렇다고 활유법으로 한 '부자나무'가 기원을 하고 있는 것도 아니다. 왜냐하면 종장 둘째 소절에 '소망하는 두 부부'가 기원하고 있기 때문이다.

콧바람 농사/***

바람 든 무 버리다 오금이 슬금 저려
시詩바람 사십 년이 콧바람 농사 같아
고삐를 다잡아 봐도 모래만 <u>달싹일 때</u>

이 작품은 부사어로 마감한 예문이다.

모래만 달싹일 때 무엇이 어떻게 되었다는 얘긴지 결론이 없는 작품이다.

시조 종장은 화자의 결의 또는 각오가 들어가야 하는 정체성을 잊어서는 안 된다.

'모래만 달싹인다'가 콧바람 농사와 무슨 관련을 짓고 있는 이해하기 힘든 표현이다. 초장이나 중장 말미가 연결어미로 되어 있어 얼핏 연결성이 있어 보이지만 의미상으로 보면 3장이 각각 다른 의미를 내포한 문장이 되므로 연결성이 없는 작품이 되는 것이다. 종장은 완결성도, 독립성도 없는 더구나 화자의 감정이 실리지 않은 마감이 된 것이다.

달맞이 꽃/***

휘모리로 감겨오는 갈증의 시간 넘어
새파란 기다림도 이제는 누르익어
잎사귀 돌돌 말아서 동그마니 <u>앉았는데</u>

종장 말미를 '앉았는데'라는 과거형 술어에 '데'라는 연결어미를 마감하였다.
그래서 무엇이 어떻게 되었다는 얘기인가? 종장의 특징이 전혀 나타나 있지 않다.
제목 '달맞이 꽃'과 시조의 3장 전개가 관련이 없어 보인다. 즉 원문만 읽고 제목을 추리(推理)하기가 매우 어려운 작품이다.

3) 과거형 술어 마감

지중해/***

열차처럼 질주하며 거친 숨을 내뿜던
파도와 파도의 틈바구니에 끼인 삶들이
생명의 티켓을 쥔 채 불구덩이에 <u>파묻혔다</u>

과거에 발생한 사건이지만 종장 말미를 과거형 술어로 마감하면 생명력이 끝날 뿐 아니라 과거에 일어났던 어떤 사실을 설명하는 설명문이 되기 쉽다.

'파묻혔다'를 '파묻혀 있다' 처럼 현재형 술어로 바꾸어 해석해 보면 어떤 현상이나 상태를 설명하는 문장이 된다.

반석에 놓인 가을/***

창호를 스쳐가는 천 년 전 말굽 소리
전시실 유리관에 용봉무늬 칼자루가
<u>북방의</u> <u>사나운</u> 바람 베고 또 <u>베었다는</u>

박물관 들어서는 <u>가족들 발걸음과</u>
시제 상 잔술 위에 말갛게 뜬 하늘은
국운이 흔들릴 때면 파사 탑을 꾹 <u>눌렀다</u>

첫수 초장과 중장은 별개의 문장이다. 구태여 연결 짓는다면 '-와(과)'가 생략된 문장으로 볼 수는 있다. 종장 말미가 '베었다는'이라는 관형어로 마감되어 둘째 수 초장 '박물관(에)'을 수식한다. 연이어 둘째 수 초장 후구 말미에 '과'라는 접속어는 '하늘은'까지가 둘째 수의 초장이 된다. 이 글을 다시 써 보면

"전시실 유리관에 용봉무늬 칼자루가 북방의 사나운 바람 베고 또 베었다는 박물관 들어서는 가족들 발걸음과 시제 상 잔술 위에 말갛게 뜬 하늘은/"까지이다.

다시 말해 초장 중장 종장의 독립성과 완결성이 없는 자유시로 보아야 한다.

둘째 수 종장 말미가 '눌렀다.'라는 과거형 시제도 다시 생각해 봐야 한다.

제목이 '반석에 놓인 가을'이다. 국운이 흔들릴 때면 파사 탑을 꾹 눌렀다는 것과 제목을 연관 짓기는 매우 어렵다. 작가의 의도가 너무 숨어 있어 독자는 아리송하게 느끼지 않을까? 또 '천 년 전 말발굽 소리' '용봉 무늬 칼자루' '박물관' '시제 상 잔술에 비친 하늘' 등등 어디에서도 가을을 유추해 내기는 매우 어렵다

둘째 수만 놓고 볼 때 주체는 중장에 있는 '하늘'이다. '하늘'이 파사 탑을 꾹 눌렀다는 지나치게 추상적이다. 잔술 위에 비친 하늘은 지금에는 안 비치는가?

그렇지 않다. 잔술에 하늘이 비치는 것은 과거 현재 미래를 불문하고 동일하게 언제나 비친다. 과거형을 쓰면 설명문이 됨을 잊어서는 안 된다.

표현은 지금까지 시조의 정체성을 밝혀보고자 고시조5천수와 근대시조 6천수를 분석하여 결론적으로 얻은 시조의 내 외적 형식은 다음과 같다.

1. 외적 형식
① 음수는 초장 3.4.4.4, 중장 3.4.4.4, 종장 3.6.4.3 ±1이다
② 각 장의 음절수는 13-15 ±1이고 4개의 소절로 이루어진다.
③ 단시조 한 편의 총 음수는 45±1이다

2. 내적 형식
① 각 장은 독립성, 연결성, 완결성을 유지한다.
② 종장 첫 소절 3자는 독립적의미의 말이어야 한다.
③ 종장 둘째 소절은 관형어나 관형어 구는 배제한다.
④ 종장 말미는 현재형 술어로 마감한다.
⑤ 종장은 화자의 감정을 실어 종결한다.

9. 소절의 분석법

  소절(小節)이란 무엇인가?
  시조의 소절은 사전에서 말하는 사전적 의미와는 다른 개념이다. 단순히 구(句)보다 작은 단위의 문장, 즉 한 호흡으로 읽을 수 있는 말마디라는 의미로 이해된다. 이 소절 두 개가 모여 하나의 구를 이루게 된다.
  〈시조명칭 및 형식통일안〉에서는 어떻게 규정하고 있는가를 보면 "구를 다시 나누면 두 개의 소절이 된다. 장 하나는 4개의 소절로 이루어진다."라고만 되어 있지 구체적으로 소절이 어떻게 만들어지는 지 그 원리를 말하지 않고 있다. 단순히 하나의 구는 두 개의 소절로 이루어진다는 평범한 설명이다. 소절은 한 호흡으로 읽는 어절(語節)의 덩어리이다. 즉 어절은 문장을 이루는 도막도막의 마디로서 문장 성분의 최소 단위이며 띄어쓰기의 단위가 된다.
  '영호가 사과를 먹었다'라는 문장은 세 어절로 이루어진 것이다. 그러나 여기에 '<u>영호가 풋 사과를 맛있게 먹는다</u>'
라고 하면 어절은 '<u>영호가 풋 사과를 맛있게 먹는다</u>.' 어절로는 5개가 되지만 시조에서 말하는 소절로는 4소절이 된다. '풋 사과를'은 두 개의 어절로 된 말이지만 시조에서의 호흡단위는 하나이다. 즉 읽을 때는 한 호흡으로 읽게 되므로 우리가 소절을 말 할 때는 음수를 기준으로 한 호흡 여부를 따져 봐야 한다. 즉 '풋 사과를'은 한 호흡으로 읽는 하나의 소절이 된다. '풋'은 관형어로 다음에 오는 체언(명사)을 수식하며 한 호흡 단위가 되는 소절의 역할을 한다.

이 소절은 음수의 기본 단위가 된다. 즉 하나의 소절은 명사+조사, 또는 술어의 어미변화를 통하여 만들어지는 문장 성분이 3 또는 4의 음수로 이루어져야 한다. 통일안에서는 2자까지 가감을 허용한다고 했으나 이보다는 ±1자가 가장 적절한 방법이라 생각한다.

이 소절 두 개가 서로 연결되어 하나의 의미를 생성하게 되므로 이 기초를 단단히 해야 아름다운 집 한 채를 지을 수 있게 된다.

만약 통일안에서 말하는 바대로 호흡단위로만 이해된다면 명사의 나열만으로도 가능하다는 얘기가 된다.

예를 들면

사자성어로 읽는 시국/***
  -첫 수

안하무인 무소불위 양두구육 인면수심
설상가상 동문서답 적반하장 마이동풍
오호라 목불인견에 망연자실 하것다.

음수의 외적 형식만 보면 틀린 게 아닌 것처럼 보이지만 과연 시조로 인정할 것인지 의구심이 든다. 이는 단순이 명사의 나열 일 뿐이지 시조의 구성요건은 갖추지 못했다. 의미를 해석해 보면 다 이해되고 있으나 시조로서는 결격이다.

우선 초장과 중장은 어디가 전구이고 후구인지, 어느 것이 초장이고 어느 것이 중장인지 분별하기가 매우 어렵다. 이 작가는 임의로 장과 구를 구분짓 듯이 나누어 쓰기는 했어도 엄격히 말하면 초장과 중장은 명사로 나열만 했을 뿐 장과 구의 역할을 전혀 하지 못하고 있다. 왜 그럴까? 문장성분인 조사나 연결어미가 붙어 있지 않기 때문이다.

1) 붙어 다니는 말

 분리 할 수 없는 말은 하나의 소절로 보는 것이 맞다. 즉 붙어 다녀야 완전한 의미가 생기기 때문이다. 이런 말들은 한 호흡으로 읽을 수도 있고 띄어서 두 호흡으로 읽을 수도 있다. 그러나 의미는 붙어 다녀야 의미가 생기며 이렇게 되면 음수가 초과한다. 음보이론에서는 별로 문제 삼지 않으나 음수를 기준으로 하는 (사)한국시조협회에서는 이를 인정 하지 않는다. 필자 역시 음수이론에 기초하여 논하고 있으므로 당연히 음수가 초과된 것으로 본다.

 ① **의미단위의 말;**
 예; 어디서부터인지. 눈여겨보다 등
 '<u>명자꽃 선한 꽃잎을 눈여겨 보았느냐</u>(3.5.3.4로 4소절)'처럼 생각했으나 이는 다음과 같이 인식되어야 맞는 표현이 된다.
 → <u>명자꽃 선한 꽃잎을 눈여겨보았느냐</u>'(3.5.7로 3소절)처럼 음수와 소절이 바뀌게 되므로 결과적으로 소절 하나가 부족하게 되고 정형의 틀을 벗어나게 된다.

 ② **합성어**
 '잘 못 살다, 거들떠보다' 같은 말
 예; '내 잘못/살았다기로/삭풍보다/ 더 매우랴(3.5.4.4 네 소절)'처럼 되는 것이 아니라
 → '내/ 잘못살았다기로/삭풍보다/더 매우랴(1.7.4.4 네 소

절)'처럼 되어 소절수는 맞으나 음절수가 형식을 벗어나게 됨.

③ 합성동사
'으르렁거리다, 어리둥절하다' 같은 말
예; '어리둥절/하는 나를/멀끔히/ 바라보더니(4.4.3.5)
→ 어리둥절하는/나를/멀끔히/ 바라보더니(6.2.3.5)

④ 의미상 붙어다니는 말
- 도~도, 고~고, 와(과)~
예문; 비석도 산담도. 하얗고 빨간 등대, 거북이와 토끼
이런 유의 말은 앞의 말과 뒤의 말이 격으로 보면 동격이다. 그러므로 뒤에 오는 말까지 합쳐서 음절수를 따져야 한다.

⑤ 문맥상 붙어 다니는 말
마당 한/ 가운데 앉아 → 마당/한 가운데 앉아.
마음뿐/ 아닌 발길마다 → 마음뿐 아닌/ 발길마다
감당도/ 못할 무게를 → 감당도 못할/ 무게를.
남 생각/ 할 겨를도 없이 → 남 생각 할/ 겨를도 없이.
천원도/ 없는 사람이 → 천원도 없는/ 사람이.
봄 나비/ 같이 날아가는 → 봄 나비 같이/날아가는

⑥ 기타 앞 말에 붙여 읽느냐, 아니냐에 따라 소절이 달라진다.
(밑줄 부분이 한 소절이 되므로 오른쪽이 정상이다.)

* 다리가 되면 무엇하나(3.6). ---- **다리가 되면** 무엇하나(5.4)
* 마당 한 가운데 앉아(3.5) ----- 마당 **한가운데** 앉아'(2.6)

* 남 생각 할 겨를도 없이 ---- **남 생각할** 겨를도 없이(4.5)
* 이불 푹 뒤집어 쓰고 ------ 이불 **푹 뒤집어 쓰고**(2.6)
* 온 몸 다 내어주고도 ----- 온 몸 **다 내어 주고도**(2.6)
* 마음뿐 아닌 발길마다 ----- **마음뿐 아닌** 발길마다(5.4)
* 가늠키 힘든 수심이 ------ **가늠키 힘든** 수심이(5.3)
* 있어야 할 재물 복이 ------ **있어야 할** 재물 복이(4.4)
* 감당도 못할 무게를 ------ **감당도 못할** 무게를(5.3)
* 못 들은 척해도 미륵의 발자국소리 ---- **못 들은 척해도** 미륵의 발자국소리(6.8.)
* 꼿꼿이 서서 나는(3.4) ------ **꼿꼿이 서서** 나는(5.2)
* 망설임 끝에 잠시(3.4) ------- **망설임 끝에** 잠시(5.2)
* 왼손도 몰래 오른 손이(3.6) ---- **왼손도 몰래** 오른 손이(5.4)
* 견디어 낸다고 하는 게(3.6) ---- **견디어 낸다고** 하는 게(6.3)
* 잘 뛰고 나서 쉬어야지(3.6) --- **잘 뛰고 나서** 쉬어야지(5.4)
* 추운가 보다 양지쪽 강아지(3.8) -- **추운가보다** 양지쪽 강아지(5.6)

⑦ '~같은, ~없는'과 같은 앞말에 붙여 읽는다.
 예; <u>천원도 없는</u> 사람이, <u>봄 나비 같이</u> 날아간다.
 '봄 나비 같이 날아간다.'고 했을 때 '같이'를 앞말에 붙여 읽으면 '봄 나비처럼'이라는 의미가 되고 뒷말에 붙여 읽으면 '함께 날아간다.'는 의미가 된다.
 뒷말에 붙일 때는 대개 '와(과)' 함께 쓰여야 맞다.
 즉 '주체가 나비와 같이 날아간다.'는 의미가 된다.

⑧ 문장의 통사적 구조를 파괴한 예문을 보면

낮잠/***

작은방 창 너머엔
매미는 푸른 구름

그 풍경에 머리두고
너는 꿈꾸는 창이

<u>시일까</u>
행복한 소나기 잠시 흥건하다.

　이 작품을 보면 종장이 '시일까/행복한 소나기 /잠시/ 흥건하다//가 되어 음수도 물론 안 맞지만 그보다 심각한 것은 '시일까'라는 첫마디 3자가 중장 후구에 붙어 있어야 하는 말이다. 즉 '꿈꾸는 창이 시일까' 처럼 되어야 하므로 시조가 될 수 없다.
　강제 분할하여 종장 첫마디 3자로 끌고 올 수 없다는 말이다. 결과적으로 이 작품은 형식을 완전 무시한 작품이 되므로 자유시로 보아야 한다.

산인역/***

8월 하순 다 낡은 국밥집 창가에 앉아
온종일 질척이며 내리는 비를 본다.
뿌리도,

없이 내리는 실직 같은 비를 존다.

　초장 전구 '8월 하순 다 낡은'이 아니라 '다 낡은 국밥집 창가에'가 되어야 하고
　후구는 '앉아 있던 8월 하순'처럼 되어야 한다. 특히 종장 '뿌리도'는 첫마디 3자가 될 수 없다. '뿌리도 없이'까지가 통사적 언어로 첫 소절(말마디)에 해당한다.

아! 바보같이 착한 삶/***

　　시간의 불순물도 섞이잖은 새벽녘에
　　삽 하나 들고 나선 칠순인 저 농부의
　　한 생이
　　흙 속에 삭도록 주름진 손 굽은 허리

　중장 후구 '저 농부의'로 마감한 것은 오류이다. 종장 첫 소절 '한 생이'가 함께 붙어 있어야 한다. 즉 '저 농부의 한 생이'처럼 되어야 장의 독립성이 생기게 된다.
　이렇게 보면 종장은 '흙속에 삭도록 주름진 손 굽은 허리'만 남게 된다. 또 종장 후구의 '주름진 손(과) 굽은 허리'가 되므로 하나의 소절을 이룬다. 주름진 손과 굽은 허리는 제목의 보조관념을 의미하는지 살펴봐야 한다.
　이 작품을 소절에 맞게 다시 써 보면

　　시간의√ 불순물도/ 섞이잖은√ 새벽녘에//　　(3.4.4.4) 4소절
　　삽 하나√ 들고 나선 칠순의 저 농부의 √한생이//　(3.11.3) 3소절

흙 속에/ 삭도록 /주름진 손 굽은 허리//   (3.3.8)   3소절

 초장 "시간의 불순물"은 구체적으로 어떤 상태를 말하는 것인지 지나치게 관념적이다.
 '시간에 불순물도 섞이잖은 새벽녘' 하면 그나마 이해가 되지만 '시간의 불순물'이란 논리에 안 맞는 비약이다. 말하자면 비유의 오용이거나 남용이다.
 종장 후구의 '주름진 손 굽은 허리'는 격이 같은 소절이다. 즉 '손(과)'라는 의미로 후구로서 역할을 수행하지 못하는 관계에 있다.

10. 연시조에 대한 이해

고시조에는 박인로의 〈조홍시가〉나 정철의 〈훈민가〉와 안민영의 〈영매가〉 등을 연시조로 볼 수 있고 대개는 연작형태의 시조이다. 근대시조는 단시조보다 연시조가 훨씬 많다. 반면 사설시조는 그 작품 수가 현저하게 줄어든 모습으로 나타난다.

서구 문명이 들어오면서 시조 역시 길게 쓰기가 유행하였던 것으로 생각된다. 연시조는 하나의 동일한 제목 하에 한 수 이상의 단시조를 나열한 형태이다. 그러므로 각 수마다 독립된 단시조 형식을 취해야 한다. 근대시조의 수많은 작품이 연결어미로 마감된 것은 거의 찾아보기 어렵다.

필자가 조사한 바로는 김외로(金畏廬)의 〈九龍淵(구룡연)〉이라는 작품 첫 수 종장이

"옥류동 맑은 시내에 세수 우선 하고서"로 마감을 하여 둘째수와 연결되는 형태로 마감을 한 것 외는 전혀 발견하지 못하였다. 나머지는 모드 현재형 술어이거나 창으로 부르기 위해 고시조 말미의 한 소절을 생략한 경우처럼 일부 작품들이 보이는 현상들이다. 그러므로 한 두 수의 이탈 작품을 가지고 정체성을 운운 하기는 부적절하다.

그러므로 종장 말미를 연결어미로 마감하여 다음 수와 연결성을 짓게 되면 연시조의 형식을 어긴 것이 된다. 아주 잘못된 개념이라 할 수 있다.

고시조 중에서 박인로의 작품을 소개하면 다음과 같다.

①
구룡연/김외로

極樂峴 고개넘어 목탁 염불 흘려 듯고
金剛門 썩나서면 羊腸谷을 감돌것다.
玉流洞 맑은 시내에 洗首 우선 하고서

측넝쿨 거머쥐고 石路에 옴겨 서면
외나무 다리건너 단풍닙피 붉노매라
수림을 헤쳐나가면 동천 홀연 열린대.

②
조홍시가/박인로

반중 조홍감이 고와도 보이나다
유자 아니라도 품음직 하다마는
품어가 반길 이 없으니 그를 설워 하노라

왕상의 잉어 잡고 맹종의 죽을 꺾어
검던 머리 다 희도록 노래자(老來子) 옷을 입고
일생에 양지성효(養志誠孝)를 증자 같이 하겠노라

만균을 늘려 내어 길게 길게 끈을 꼬아
구만리 장천에 가는 해를 잡아매어
복당에 학발쌍친(鶴髮雙親)을 더디 늙게 하리라

1) 각 수의 비독립적 표현의 예시

연시조는 다음 수(연)로 넘어갈 때 앞 수의 종장 끝을 다음과 같은 연결어미로 마감해서는 안 된다. 단 도치법의 경우는 다르다. 고시조나 근대시조에서도 각 수는 예문에서 본 바처럼 독립적인 평시조(단시조)마감을 하고 있음을 기억해 두어야 한다.
　그러나 현대시조 작품에서 다음과 같이 종장 말미를 연결어미나 접속 조사를 사용하는 것이 종종 나타나는데 이는 절대 있을 수 없는 일이다.
　연시조의 중요한 정체성 중 하나이다.

　① 둘 이상의 일이나 상태를 같은 자격으로 나타내는 말
　-으며, -하며 -며 등(and의 개념)이나 -면으로 끝내서는 안 된다.

예;
겨울 자작나무/***
　- 둘째, 셋째 수

　　몸 밖에 바람치며 몸 안에 새겨온 꿈
　　말갛게 퍼져가는 한 줌의 눈물 되어
　　둥글게 나이테 하나 몸 속 깊이 <u>새기며</u>

　　어쩌다 너의 무리 대관령 능선에서
　　푸르게 뿌리내려 바람에 빗장 걸고
　　하얗게 흔들리면서 세상 안부 묻는가

첫수 종장 끝이 '새기며'로 되어 있어 다음 수 초장과 연결 되는 형태로 각 수의 독립성이 훼손 된다.

사인암을 보며/***

한 폭의 수묵화로 내려앉은 사인암
골 안 가득 쌓인 적막 염주 알로 풀어내고
아득한 강물의 시간 문 한 짝을 <u>떼어내면</u>

모질게 뿌리내린 가슴 붉은 시 하나
구릉의 허리에서 잔뿌리를 흔들며
우각 뿔 머리에 달고 외로운 꿈을 간다.

이 작품 역시 '떼어내면'처럼 연결어미로 마감되어 다음수와 연결되는 문장 구조이다.
"문 한 짝을 떼어내면 모질게 뿌리내린 가슴 붉은 시 하나"가 있다는 말이 된다. 즉 문장이 계속되고 있음을 알 수 있다.

② 어떤 동작이 끝나고 다음동작으로 넘어감을 나타내는 말
-웃다가, -가다가, -하다가 같은 말(and의 개념)

예;
사랑, 피었다 지기까지/***
-3째수 4째수

엷어진 그 꽃잎이 한잎 두잎 떨어지고

퇴색된 그믐 달빛 빈 가슴을 채울 때쯤
빛바랜 하얀 옥양목 차가움에 <u>눈부시다가</u>

시들어 마른 꽃에 서리꽃이 피는 날에
동강나 재만 남아 불씨조차 꺼져버린
누우런 삼베조각만 빈 가슴에 서걱인다.

 3수 종장 '눈부시다가'는 4수와 연결고리가 된다. 연결고리가 없어야 독립성이 유지된다. "차가움에 눈부시다."처럼 닫아야 단수 한편이 완결된다.

 ③ **앞 내용과 다른 내용을 말할 때 앞뒤 문장을 연결해 주는 말**
 -였지만, -하지만처럼 -지만으로 끝나는 말

예;
 수염의 변/***

아직 남을 위한 텃밭이지 못했기에
실로 용맹 없는 척박한 얼굴이라도
왕성한 검은 생명들이 자유롭길 <u>원하지만</u>

검버섯 무늬 속에 여린 밭 터 잡으면
한 때 풀꽃이던 끈질긴 아내의 저항
굴종의 칼날에 잘려나간 가련한 나의 자존

 첫 수 종장 끝 '원하지만' 역시 다음 수와 연결시키는 형태이다.
"자유롭길 원하지만 (그럼에도 불구하고) 검버섯 무늬 속에 여린 밭 터 잡는다" 처럼 문장이 길게 이어지는 형태의 글이다.

④ 앞 절의 내용과 뒤 절의 내용을 대립되도록 이어주는 말
-며, -도와주었는데, 몰아치는데, -바뀌었는데

예;
　구름/***
　　-첫째 수, 둘째 수

　하늘하늘 춤추던 아지랑이 숨어버리고
　장엄한 청산만이 고고히 서 있구나
　호수는 청람빛 하늘 품에 안고 조는데

　파란 물 떨어질까 숨죽인 맑은 넋이
　고즈넉이 아미 들어 우러러 본 천상에
　그름이 활갯짓 훨훨 화엄경을 만든다.

첫 수 종장 끝 '조는데'라는 연결 어미로 마감한 형태이다.
'연결어미'는 다음 말과 연결해주는 역할을 하므로 문장이 끝나지 않은 상태이다.

⑤ 둘 이상의 사실을 대등한 자격으로 나열하거나 일이 순차적으로 일어남을 나타내는 말
-고 로 끝맺음을 하는 말(and의 개념)

예;

허난설헌/*

깊은 밤 규원가에 문풍지 우는 소리
일찍이 능한 시문 치마 두른 원죄 앞에
부용꽃 서늘한 이마 돌아서서 <u>지우고</u>

난 곁에 다소곳한 버들가지 하얀 송이
가을 날 우뚝 솟은 연꽃 같은 노래마저
진흙 벌 캄캄한 속을 <u>뿌리내리지 못하고</u>

골안개 자오록이 온 몸으로 젖는 날은
뼈끝으로 새긴 곡자(哭子) 삼구홍타 예감하고
불살라 거두었던 시혼 먼 땅에서 빛나고.....

첫수 종장은 '지우고'라는 연결어미로, 둘째 수 종장은 '뿌리 내리지 못하고'처럼 연결어미를 사용해서는 안 된다. 셋째 수 종장에서 '...'을 사용한 것은 열린 시조가 된다. 즉 화자의 결의가 없는 마감이 된다. 시조에서 '...'은 사용할 수 없다. 왜냐하면 종장은 화자의 결의나 각오가 있어야 하는데 '...'은 화자의 감정이 전혀 들어가 있지 않은 상태가 되기 때문이다. 독자에게 맡겨놓는 모양이 된다. 종장의 정체성을 벗어나는 시작법(詩作法)이다. 이러한 '...'은 초장, 중장에서도 사용하면 안 된다.

⑥ **초, 중, 종장 어디에도 술어가 없이 명사로 끝내는 말**
예;

새벽기도 가는 길/***

골목길 한 녘에서 지새워 입초(立哨)하며
시간을 셈하면서 세상 지키는 외등
가슴팍 저미어 오는 못자국의 <u>아픔이</u>

흑암의 강물 넘치어 흘러도
부드러운 속살 드러나는 아침을 맞아
<u>당신의 피 한 톨로 온 몸 적신 새벽 길</u>

  첫수 종장은 '아픔이'라는 체언으로, 둘째 수 종장은 '새벽 길'이라는 체언으로 마감하였다.
  종장 말미는 현재형 종결어미가 와야 한다. 명사에는 '-다, 이다'와 같은 서술형 조사를 붙여야 한다. 위 예를 든다면 '아픔이'는 '아픔이다'로, '새벽길'은 '새벽길이다.'가 되어야 한다.
  '나무'는 '나무다'처럼 3자를 맞추기가 쉽지만 받침이 있는 말 '아픔+이다', '새벽길+이다'처럼 된다.

⑦ 관형어로 마감하는 것
예;

혼저 옵서예/***

공주의 옷자락이 휘날리는 조랑말에
탐라 사내 뛰어올라 초원을 내달렸다.
성곽은 허물어져도 바람의 말 <u>지키자던</u>

강생이 몽생이도 저들의 말 내려 전해
　　잘리고 흩어져도 숨길 이은 탯말 조각
　　박물관 진열장에 들까 숨비소리 <u>떨리는</u>

　　유배도 항쟁도 아닌 갈 옷 속에 살아온 말
　　천년 왕국 부활하듯 재기재기 옵서예
　　삼성혈 돌하르방은 쉬영감서 목이 쉰다.

　첫 수 종장 관형어 마감은 둘째 수에서 처음 나오는 체언을 수식하게 되어 자유시가 된다.

⑧ **기타 수단을 나타내는 말**
-으로(로)
예;

봄 아직 살아있다/***
　- 첫수 둘째 수

　　등 굽은 먹빛 가지 짐짓 딴전 피우다가
　　연초록 물 머금고 보슬비 껴안더니
　　얼결에 아주 여신으로 보란 듯이 <u>앙감질로</u>

　　박새가 우듬지에 풀무질 분주하고
　　아가야 뒤뚱뒤뚱 걸음마 배울 때 쯤
　　조것 봐, 불 끝에서 확 일어선 불꽃 하나

　첫수 어디에도 종결 어미가 없다. 더구나 종장 끝이 '앙감질로'라는 부사어로 연결 되어 다음 수와 계속 연결되는 형태의 연시조이다.

⑨ 주제와 연관성이 없는 말

야생일지/***

첫 새벽 이슬을 샛별이 먹고요
그 이슬 먹다 남은 건 아침해가 먹고요
참새는 수수대 끝에서 도리질만 먹지요

개는요 암탉 쫓다 헛발질만 먹어도요
쇠비름 콩 이파리는 망아지가 먹고요
염소는 에미 없이도 슬픔까지 잘도 먹지요

매미는 씨롱씨롱 정치밥을 먹고요
들판에 허수아비는 씨나락만 까먹고요
나는요 뜬구름 따라 외상술만 먹지요

 이렇게 앞 수의 종장 끝을 마감하게 되면 이 종장은 다음에 오는 수의 초장과 문장 구성상 연결되는 형태가 되기 때문에 연시조의 각 수 독립성이라는 정체성은 사라지게 된다. 화자는 각 장의 말미에 '하고요'라는 각운을 두기위한 조치였겠지만 정체성에서는 벗어난다.
 주체가 아홉이나 된다. 일기 내용을 옮겨 적은 모양을 취하고 있다.

11. 행갈이 방식

① 장별로 하기(일반적 시행)

①-1
봄 처녀/이은상

봄 처녀 제 오시네 새 풀 옷을 입으셨네
한얀 구름 너울 쓰고 진주 이슬 신으셨네
꽃다발 가슴에 안고 뉘를 찾아 오시는고.

님 찾아 가는 길에 내 집 앞을 지나시나
이상도 하오시다 행여 내게 오심인가
미안코 어리석은 양 나가 물어 볼까나.

　첫수 종장 말미 '뉘를 찾아오시는고'는 읽을 때 '뉘를　찾아 √ 오시는고 (4.4)처럼. 둘째 수 종장 말미' 나가 물어√볼까나 '는 고시조처럼 강제분할 하여 읽을 수는 있으나 현대문법적으로 보면 음수가 4.4가 아니라 '뉘를√찾아오시는고'은 음수가 (2.6)과 '나가√ 물어볼까나'(2.5)로 표기되고 읽게 된다.

② 전구 후구를 묶어서 하는 경우

그 사람은/김광수

어깨를 투욱 치며/
반기는 벗 만난 저녁//

소주 한 잔 하자는 걸/
시간 없다 핑계대고//

싸락눈 내리는 거리를/
하염없이 걸었다.//

*(/)표시는 구를, (//)는 장을 나타냄

다음의 예문들은 모두 〈통일안〉에서 권장하지 않는 행갈이다.

③ 소절별 줄바꾸기

논/***

기계 속으로
빨려
들어가는
저 황금 빛

시간은
야금야금
누가
갉아 먹는가

이제는
색을 비우고
자서전을
써야 할 때.

  이 예문은 12행의 자유시이다. 시조에서 소절별 행갈이는 하지 말아야 한다.
  왜 소절별 행갈이는 허용하지 않는 걸까? 이유는 간단하다 시조는 구(句)의 의미를 중시하기 때문이다. 구 둘이 모여 장 하나를 이루는데 후구에서 독립성 연결성 완결성을 쉽게 파악하기 위해서다. 소절별로 하면 휴지가 생기는 곳이 달라져 구와 장의 의미가 모호해지기 때문이다.

④ 혼합형 줄바꾸기

④-1
붉은 감기/***

가을 산
다녀와서
홍시처럼 앓는 여인

가슬가슬한
이마 위에
낙엽 타는 냄새가 난다.

단풍만 담으라 했는데

불을 안고
왔
는
지

  이 작품은 가로쓰기와 세로쓰기가 혼합되어 나타난바 통일안에서 말하는 행갈이 방식에 어긋난다. '왔, 는, 지'를 3행으로 보아야 하기 때문이다.

④-2
님오시거든/***
  -첫 수-

운다고
가신님이 올리야
있겠냐만
밤하늘 별빛 속에 첫사랑
그리울 때
나 홀로 가슴 조이며 샌 일 알아주

시행 바꾸기는 여러 가지가 있겠으나 바람직한 방법은 ①②번이다. 시조는 내용(예술성)이 돋보여야지 겉만 화려하게 치장하는 것은 생각에 따라 다를 수는 있겠으나 바람직 한 것은 아니라고 본다. ④-1, ④-2는 정체불명의 행갈이다.
　특히 ④-2의 초장에서 "올리야/ 있겠냐만"은 통사적 의미를 강제로 분할하여 행갈이를 한바 이는 어법에도 어긋나 있는 것이다. 종장 후구의 음수가 2.3으로 역시 어긋나 있다. 자유시를 모방한 작품이다.
　고시조를 보면 초장 중장 종장이 한줄 내려쓰기로 되어 있으나 당시는 한글 맞춤법이 없던 시대이고 지금은 띄어쓰기와 문장부호까지 맞춤법을 지켜야 한다.

⑤ 피해야 할 줄바꾸기

⑤-1
한(恨)/***

　　겹
　　겹
　　이
쌓아 올린
해묵은 사연들을

　　말
　　아
　　서

홀터 내려
녹물에 헹군 슬픔
    아직도
타다 남은 한! 빨래 줄에 바랜다.

이 작품 역시 가로쓰기와 세로쓰기가 혼합된 형태이다. 어법에도 안 맞고 자유시에서도 이러한 행갈이는 하지 않는다.

⑤-2
님오시거든/***
  -둘째 수-

홍매화
〉
다시 피고
산유화 열매지고
〉
삭풍에
〉
이내몸이
골백번 찢어져도
〉
행여나
〉
예 오실 때는 나 본 듯이 안아주

위에 나열된 행갈이 방법은 모두 멋 내기 식이다. 지나친 멋내기의 행갈이는 시조의 전통을 무시하는 것과 같다.

⑥ 기타 이상한 표기의 작품들

⑥-1 띄어쓰기를 무시한 작품
완도를 가다/***
　-둘째 수

첫차타고눈감으니선들이꿈틀댄다잠덜깬바다속으로물감되어
가라앉아저너른새벽어장에 먹물풀어편지쓴다.

⑥-2 장과 장이 구분 안 된 작품
화석/***

더딘 우리 사랑도 눈물 콧물 닦아주며 한 없이 걷다보면 몇 겁
을 건너 와선 저렇게 들꽃으로 환히 다시 피어날 일이네.

⑥-3 연시조 수와 수가 구분 안 된 작품
분재 습작기/***

잘려지고 꺾어지는 아픔과 고통 없이
뻗힌 가지 가운데로 살고 싶은 길을 찾아
산천을 헤매었어요, 선택되기 전까지는
내 바라던 모습 아닌 그분이 원하는 대로
구내 원하는 모습 아닌 그분의 방식대로

순종의 형상을 닮은 작품하나 만듭니다.

위 예문은 자유시와 변별력이 없는 작품이다.

⑥-4 그림 그리기
초승달/*

　　　　한
　　　　　쪽
　　　　　　무릎
　　　　　　세우고
　　　　　　　새침하게
　　　　　　　　앉아 있는
　　　　　　　　볼우물이
　　　　　　　　　너무예쁜
　　　　　　　　천상 여자
　　　　　　　　여자 같은
　　　　　　　　내 누이
　　　　　　　　고운 눈썹이
　　　　　　　산머리에
　　　　　　걸려
　　　　　있
　　　　네

시조의 정체성이 완전 파괴된 기형적 작품이다.
〈낯설게 하기〉란 이처럼 하는 외형적 미화(美化)가 아니다.

⑥-5 돛단배 그리기
　을숙도 삽화(揷畵)/***

　　　　사
　　　　냥꾼
　　　　의공포
　　　한발에달
　　이지는삼한의
　　　　　하류겨
　　　　　을어귀에
　　　　　나를내리고
　　　　　돌아가는빈배
　　　　　　를
　　　　　　보
　　　　　　며
　눈물을 보이지 않지만 그대 거짓은 너무 희다.

⑥-9 엇시조 형
　땅강아지/***전문

　냄새 밭 한 구석, 두 손 싹싹 비네.
　여기저기 땅속 바다 헤엄치며 다니다가, 갑자기 튀어나오니 봄 햇살이 너무 밝네.

　하느님 내려다보니 더욱이나 두렵네.
　너무도 잔인한 세상 아닌가, 밭고랑 내딛는 걸음, 자꾸만 흔들리네.

떨리는 마음으로 하느님 바라보네.
콩새가 콩인 줄 알고 삼키면 어쩌나, 알겠네, 발바닥까지 비벼대는 마음을!

　세 수로 된 연시조인데 엇시조 형으로 행갈이를 하였다. 아무리 내용이 좋아도 이런 식으로 줄바꾸기를 하는 것은 그 의도하는 바가 무엇인지 이해하기 어렵다.
　단순히 남과 차별화를 위한 의도이거나 멋을 부리려는 의도라면 이는 지양(止揚)해야 할 행갈이 방법이다.

12. 도치법 연구

도치법은 의미를 강조하기 위해 어순(語順)을 바꾸는 것이다.
도치법은 독자에게 보다 강렬한 이미지와 감정을 전달하는 수단이다.
예문을 보면서 화자가 강조하고 싶을 때 어순이 바뀌는 현상을 살펴본다.
"그는 산사에 가서 낡은 석탑을 보았다."라 했을 때 화자가 강조하는 말은 '그는'이 된다.
'산사'를 강조하려면
'산사에 가서
그는 낡은 석탑을 보았다'가 되고 '낡은 석탑'을 강조하려면
'낡은 석탑을 그는 산사에 가서 보았다.'가 된다.

이러한 도치법은 시 뿐 아니라 시조에서도 매우 효과적이다.

"나는 아직 <u>기다리고 있을 테요, 찬란한 슬픔의 봄을</u>" 김영랑의 〈모란이 피기까지〉
"죽어도 <u>아니 눈물</u> 흘리오리다" /김소월의 〈진달래〉

고시조에서 도치법을 사용한 경우의 예문을 보면

　　묏버들 가려 꺾어 보내노라√ 임의 손대
　　자시는 창밖에 심어두고 보소서

밤비에 새잎 곧 나거든 나인가도 여기소서
- 홍랑 -

초장 후구 '보내노라 임의 손대'의 어순은 '임의 손대 보내노라'가 정상적인 어순이다. 그러나 '임의 손대'를 강조하기 위해 도치법 문장을 사용하였다.
이러한 도치법은 장(章)의 전구와 후구에서만 가능한가? 아니다. 구와 구, 장과 장, 모두 가능하다고 본다.

구와 구에서 도치된 예문

향수(鄕愁)/김홍열

흐벅진 봄을 웃다 들장미가 떠나간 날
철쭉 같은 두견의 눈물 사태진 골골마다
개구린 통곡을 했네, 온 동네가 귀먹도록.

이 예문은 종장의 전구와 후구가 도치된 문장이다.
종장은 "온 동네가 귀먹도록 개구린 통곡을 했다"가 정상적인 어순이다.

장과 장이 도치된 예문을 보면

조춘 소묘/김광수
  - 첫 수

어둠을 무두질한 바람결에 실려온다.
　　외지고 적막한 골 잔설을 밟고 나와
　　지심(地心)에 깊이 잠 든 혼 일깨우는 요령 소리.

　예시된 작품의 종장 말미는 '요령소리'라는 명사(체언)로 마감하고 있다. 종장 말미는 현재형 술어로 마감한다는 규칙을 어긴 것처럼 보이지만 이 작품에서 종장 말구에 해당하는 부분은 초장 후구 '바람결에 실려온다.'이다. "일깨우는 요령 소리"를 강조하기 위해서, 그리고 시조의 소절과 음수율을 맞추기 위해 종장에 해당하는 부분을 초장으로 옮겨 쓴 것이다.
　즉 이 작품의 의미를 어순에 맞게 다시 펼쳐보면
"외지고 적막한 골 잔설을 밟고 나와/
　지심(地心)에 깊이 잠 든 혼 일깨우는 요령 소리(가)/
　어둠을 무두질한 바람결에 실려온다.//"처럼 재구성 된다.

　다음 예문 하나를 더 본다.

　　곡 없는 반가/김광수

　　누군가, 사철 푸르고 흔들림 없다한 이는
　　단 한 번도 제 뜻대로 곧추서 보지 못하고
　　무시로 풍향을 따라 휘청대다 굽어진 대를

　이 작품은 '누군가,'라는 소절 하나와 나머지 구 또는 장이 모두 도치된 예이다.
　이 작품 역시 그 의미를 어순에 맞춰 다시 써 보면

"단 한 번도 제 뜻대로 곧추서 보지 못하고
 무시로 풍향을 따라 휘청대다 굽어진 대를
 사철 푸르고 흔들림 없다한 이는 누군가."처럼 된다.

이상 살펴 본 바대로 도치법은 마법의 손을 지닌 수사법이다.

 우리도 이러한 도치법을 활용하여 작품을 구상하면 좀 더 쉽고 강열한 이미지 전달은 물론이고 음수율을 조정하는 수단이 되기도 한다.
 이 도치법은 어순을 바꾼다고 모두 다 허용되는 것은 아니다.

 예를 들면

바람불어 그리운 날/***

<u>따끈한 찻잔 감싸쥐고 지금은 비가와서</u>
부르르 온기에 떨며 그대 여기 없으니
백 매화 저 꽃잎 지듯 바람불고 날이 차다.

 이 예문의 초장을 보면 전구와 후구를 도치한 문장처럼 보이지만 이는 도치가 아니고 어순이 바뀐 것이다. 어순의 모순이다. 원문대로 해석하면 따끈한 찻잔을 감싸지고 비가 온다는 의미가 된다. 논리적으로 내리는 비가 찻잔을 감싸들고 온다는 것은 문장 성립이 되지 않는다.
 그러나 전후구를 바꾸어 놓고 보면 '지금은 비가 와서 따끈한 차 한 잔 들고'처럼 어순이 되므로 논리적으로 맞는 문장이 된다. 중장도 전 후구가 바뀌어야 말이 된다.
 도치법 문장은 어느 말을 바꾸더라도 의미의 모순을 가져오지 말아야 한다.
 한편 도치법이 아니더라도 자연 현상이나 순리에 모순되는 글은 쓰지 말아야 한다.
 예를 들면 '늦가을 꽃 중의 꽃은 매.난.국 중 국화다.' - 매화는 이른 봄에 핌
 '나나니는 둘치라서 새끼를 못 낳는다네' - 새끼를 못 낳으면 멸종이 됨
 '비오는 달밤에' - 비가 오면 달은 뜨지 않음

 이러한 표현들은 역설법이나 반어법과는 전혀 다른 개념임을 알아야 한다.

13. 시조는 설명문이 아니다.

　시조는 설명문이 아니다.
　설명문이란 어떤 사물의 성질이나 모습 등을 전달하는 수단의 하나로서 특징은 객관성, 사실성, 체계성의 정보 전달에 중심이 실린 글이다.
　반면에 시조(시)는 작가의 정서나 사상 따위를 운율에 실어 대상물(주제)로 하여금 대신 말하게 하는 것으로 일반적 시민 언어가 아닌 함축과 상징으로 된 시어를 사용한다고 볼 수 있다. 시조는 비유가 생명이란 말이 있다. 다시 말해 시조는 시민의 언어가 아닌 시인의 언어로 말해야 하는데 시인의 언어란 비유를 일컫는 말이다.
　이 비유는 가장 일반적인 수사법이 은유이다. 의인법 활유법 또는 인접성에서 상징과 비유가 바람직하고 현대시조에서 강조되는 것은 언어의 새로운 조합이다.
　의인법은 인격이 없는 시적 대상(생물체)에 인격을 부여하는 것이고 (꽃이 웃는다), 활유법은 무생물에 생명을 불어넣는 방식(바다가 붉은 해를 먹는다.)이다. 언어의 새로운 조합이란 지금까지 표현방식과는 다른 표현이다. 지금까지 우리의 인식은 새소리는 들리는 것이다. 그러나 '떨어지는 산새소리'라 하면 새소리가 들린다는 의미이지만 지금까지 표현 방식과는 전혀 다른 언어의 조합으로 된 표현이다.
　따라서 시조는 설명문이 되면 맛이 없다.

예를 들면

　　백설이 잦아진 골에 구름이 머흘레라
　　반가운 매화는 어느 곳에 피었는고
　　석양에 홀로 서 있어 갈 곳 몰라 하노라
　　　　　　　　　　　　　－ 이 색 －

　이 작품은 상징이 매우 뛰어난 작품이다. 고시조 중에 이처럼 함축성과 상징성을 나타내는 작품은 많지 않다. '백설' '잦아진 골' '구름' '매화' '어느 곳' '석양' '갈 곳 모르다' 같은 표현은 전부 상징이다. 망해가는 고려를 보며 고뇌하는 노선비의 심리적 갈등을 보는 것 같다.

　　청산은 내 뜻이요 녹수는 임의 정이
　　녹수 흘러간들 청산이야 변할 손가
　　녹수도 청산을 못 잊어 울어 예어 가는고
　　　　　　　　　　　　　－ 황진이 －

　황진이는 지금 청산이 되어 녹수에게 자기의 심정을 고백하도록 하고 있다.
　초장에서는 청산과 녹수는 무엇을 의미 하는지 슬쩍 흘려둔다
　그리고 중장과 종장에서 자신의 심사를 청산을 시켜 대신 말하게 하고 있다.

　반면에 설명문 유(類)의 시조는 있는 사실을 그대로 독자에서 정보 제공한다.

소래포구역/***

　　수인선 소래포구역 협괘열차 들어온다
　　무릎을 서로 맞댄 짠내나는 사람들이
　　좌우로 몸을 흔들며 격랑에 난파된다

　이 작품은 소래포구역의 그림을 그리듯 자세히 설명하고 있다.
　그러나 정작 화자 자신의 얘기는 하나도 없다. 종장에서 화자의 극도로 고조된 감정은 전혀 보이지 않는다. 말하자면 행간에 숨겨둔 메시지가 없는 작품이 되고 말았다.
　종장에서는 자기감정이 분명히 드러나야 한다.
　중장에서 '서로 맞댄' '짠내 나는' 같은 관형어가 중복되어 소절을 맞출 생각보다는 심각한 상황을 더욱 실감나게 쓰려는데 초점이 맞추어져 있다고 본다.
　물론 작가는 나름대로 아름답게 쓰려고 노력한 흔적은 보이나 '<u>소래포구 역</u>'이라는 주제를 통해 말하고자 하는 작가의 메시지가 없다.

서천의 달/김사균

　　곤한 잠 깨어보니 코끝에 선 일흔 여덟
　　모가 진 나이테는 세월보다 앞서 커서
　　서천에 낮달로 앉아 무거운 짐 부린다.

　이 작품은 거의 다 비유로 짜여 있다. 우선 외적인 형식을 보면 3.4조의 음수율로 운율을 만들어 내고 있다. 시조의 정통성을 고스란히 이어 받고 있다.
 내적인 문장 구조를 보면 전구와 후구의 의미가 분명하고 각 장은 서로 유기적(有機的) 관계를 유지한다. 즉 연결성이 좋다. 함축된 이미지는 독자에게 메시지를 전한다.
 '곤한 잠' '코끝' '모가 진.' '나이테' '앞서 크다' '서천의 달' '무거운 짐' 등등
 상징적 체계가 잘 구성된 작품이라 할 수 있다.
 작가의 춥고 배고팠던 시절, 생존을 위해 치열한 경쟁, 6.25의 비극 등 파란만장한 한 생애가 그림처럼 선명하다.

14. 시조의 변천사

시조의 시대적 변천 단계를 셋으로 나눈다면 시조의 태동기인 고려 말경(12세기)부터 갑오개혁(1894년 고종31년) 이전까지 약 700년, 갑오개혁부터 대한민국 정부수립까지 약 반세기, 그리고 그 이후부터 현재까지 3단계로 구분할 수 있다. 갑오개혁이 일어나기 전까지는 시조에 큰 변화는 없었다고 본다. 그때는 시조의 모습이 창이나 가곡이었기 때문이었다. 그러다가 개화기로 접어들어 서구의 신문물이 들어오기 시작하면서 문학 역시 자유시라는 새로운 시형(詩形)이 유행하기 시작했다. 시조 역시 이 영향을 받아 큰 혼란을 맞이하던 시기가 바로 개화기이다.

시대의 변천에 따라 시조의 모습이 어떻게 달라졌는지 살펴보기로 한다.

1. 고시조

고시조라 함은 서두에서 밝혔듯이 고려 말부터 개화기 이전까지의 시조를 일컫는다 할 수 있다. 그 이전에도 시조가 있었는지는 모르나 우탁의 「탄로가」나 이조년의 「다정가」 등이 자료로 전해오기 때문에 고시조의 기점을 이 무렵으로 보고 있는 게 통설이다.

이 때 시조는 문학이 아니라 노래였다. 즉 시민의식이 '시조'하면 '노래 (창, 가곡)'라는 개념으로만 받아 들였기 때문이다. 소위 말하는 시조의 정체성이 악보의 개념을 떠나서는 존재할 수 없었고 그 수혜자 또는 향유자는 선비들이었다. 대부분의 일반 평민들은 거의 글자를 알지 못했으므로 시조 창작의 주체는 언제나 선비들이거나 일부 글을 아는 평민들이었다.

　고시조에 작가미상이 많은 이유가 자기 신분을 드러내기 싫어하는 평민이었을 것이라는 추측을 해 볼 수 있다. 작가 미상의 작품과 작가를 밝힌 선비들의 작품은 완연한 차이가 난다.

　선비들 작품이라 하여 풍류나 시절을 읊은 작품이 없는 것은 아니나 대체적으로 선비의 지절을 매우 중시하여 창작된 작품이 많은 점으로 미루어 볼 때 국가관이나 임금에 대한 충성심 등이 창작의 근본 가치였다고 보아도 큰 무리는 없을 것이다.

　반면에 작가미상이나 평민들이 쓴 작품은 대부분이 풍류를 즐기는 일상생활 속의 모습으로 나타나며 이러한 작품들은 구전(口傳)으로 전해졌을 것이다.

　시조를 시대별로 정확히 구분하기는 좀 애매한 부분이 있는 것도 사실이다. 고려대학교에서 발간한 『고시조 대전』에 보면 개화기 때 함화진(1884-1948)의 작품도 고시조로 분류되어 있고 임선묵의 『근대시조대전』에는 해방 이후인 1960년대 작품도 근대시조로 분류되어 있다. 그러므로 시조를 연대별로 구분하는 것은 의미가 없고 어투(語套)와 시대(時代)를 동시에 비교 분석해야 된다고 본다.

　시조가 처음부터 나라나 임금에 대한 선비의 지절로 나타난 것은 아닌 듯하다. 왜냐하면 우탁의「탄로가」나 이조년의「다정가」는 그 결이 좀 다르다. 다시 말해 우리 삶에 대한 감정이 더 강하게 나타나 있다.

예문

　　이화(梨花)에 월백(月白)하고 은한(銀漢)이 삼경(三更)인제
　　일지춘심(一枝春心)을 자규(子規)야 알랴마는
　　다정(多情)도 병(病)인 양하여 잠 못 들어 하노라
　　　　　　　　　　　　　　　　　　　　　　- 이조년 -

　　춘산(春山)에 눈 녹인 바람 건듯 불고 간 데 없다
　　잠깐 빌어다가 불리고자 머리위에
　　귀 밑에 해 묵은 서리를 녹여볼까 하노라
　　　　　　　　　　　　　　　　　　　　　　- 우 탁 -

　이색, 원천석, 정몽주, 정도전, 길재, 변계량 등의 작품에 나타난 상징성은 망해가는 고려에 대한 선비로서의 고뇌 또는 권력의 무상함이다.
　그러다가 조선 건국이 이루어지고 안정을 되찾으면서 선비정신은 조선의 사상이며 정신적 지주로서 공동체를 지배했다. 선비로서 임금에 대한 충성이나 선비가 지켜야 할 청빈(淸貧) 같은 윤리 도덕을 중시하는 경향의 작품들이 주를 이루지만 안빈낙도(安貧樂道)하는 작품들도 많이 보인다.

　①
　　이 몸이 죽어가서 무엇이 될꼬하니
　　봉래산 제일봉에 낙락장송 되었다가
　　백설이 만건곤할 제 독야 청청 하리라
　　　　　　　　　　　　　　　　　　　　　　- 성삼문 -

②
짚방석 내지마라 낙엽엔들 못 앉으랴
솔불 켜지마라 어제 진달 돋아 온다
아이야 탁주산챌 망정 없다말고 내어라
                                    - 한석봉 -

위 예문에서 보듯이 시조의 선비정신이 매우 다르게 나타난다.
  전해오는 고시조는 국가와 임금에 대한충성심을 강조한 작품도 상당 수 있다. 선비는 사익을 추구하기 위해 변절을 한다거나 권력에 절이 꺾이면 그는 선비가 아니라는 관념, 또는 선비의 청빈(淸貧) 정신을 강조한 작품이 주류를 이룬다.

  고시조는 숭고미 비장미, 균제미 완결미 등이 강하게 나타나 있다.
  선비로서 그 숭고한 정신을 지키려는 강렬한 의지가 돋보이는 작품이다.
  음수율은 전형적인 고시조의 모습이다. 장 하나는 소절과 소절이 모여 구를 만들고 구가 모여 장의 독립성과 완결성, 연결성을 짓고 있다.

냇가에 해오랍아 무슨일 서 있는다
무심한 저 고기를 여어 무삼 하려는다
아마도 한물에 있거니 잊어신들 어떠리
                                    - 신 흠 -

이 작품은 골계미가 강하게 나타난 작품이다. 물론 절제미나 긴

장미, 균제미와 완결미 역시 완벽하다. 패 갈린 선비들의 모습을 비유한 작품으로 요즘 말로하면 참여시 (앙가주망)이다. 작가는 서정성 짙은 작품 생산도 필요하지만 때로는 불의에 항거하는 이러한 작품도 필요하다고 본다.

2. 근대시조(개화기 시조)

개화기는 혼돈의 시기였다. 4장시조를 비롯해 자유시처럼 종장 말구를 명사로 끝내거나 장의 음수가 초과된 것도 나타난 흔적이 있을 뿐 아니라 2장 시조(엇시조)까지 다양하게 나타난다.

특이한 사실은 작품에 나타난 화자의 감정이 실리기보다는 서정성을 더 중시한 모습으로 나타난다는 점이다.

"육당은 『청춘』지부터 종장 말구를 닫기 복원하였으며 1926년에 발간된 『백팔번뇌』에서는 말구가 생략된 것을 전혀 발견 할 수 없다."[3]고 김영철 교수는 말한다.

이러한 혼란 속에서 자연스럽게 시조 부흥운동이 일어났다.
그러면 음악 용어였던 시조를 언제부터 누가 문학용어로 사용하기 시작했는가?
육당 최남선이다. 최남선은 1926년 『조선문단』 5월호에 발표한 「조선국민문학으로의 시조」라는 논문에서 음악 용어를 떼어내어 문학용어로 사용했다. 즉 새로운 문학 장르 하나가 탄생된 것이다.
춘원 이광수는 「백팔번뇌」의 발문에서 다음과 같이 밝히고 있

---
3) 한국개화기 시가 연구/김영철 294쪽

다.

> "六堂은 '유희(遊戱)이상의 時調'가 목표라고 밝히고 있다. 시조를 국문학 중에 중요한 것으로 소개한 이가 육당이며 그 형식을 위하여 새 생각을 가지고 시조를 처음 지은이가 육당이다. 육당의 시조집「백팔번뇌」가 시조집 중에 효시로 세상에 나오게 된 것은 극히 의미가 깊은 일이다."

시조 부흥 운동(時調復興運動)은 1920년대 후반에 국민 문학파가 민족주의 문학 운동의 하나로 제시한 근대 시조 창작 운동이다. 민족정신을 되살리고 프로문학에 대항하기 위해 실천방향으로 제시한 문학 운동으로 특히 최남선은 『백팔번뇌』를 통하여 민족정신을 되살리고 전통문학을 계승하고자 하였다. 이은상 이병기 등은 세련된 언어감각으로 수준 높은 작품을 생산하였다. 이 운동에는 최남선, 이광수, 이은상, 이병기, 정인보 등 많은 이들이 참여하였다.[4]

예문1)

봄처녀/이은상

봄 처녀 제 오시네 새 풀 옷을 입으셨네
하얀 구름 너울 쓰고 진주 이슬 신으셨네
꽃다발 가슴에 안고 뉘를 찾아 오시는고

---

4) 인문학 용어 대사전 1030쪽 〈시조부흥론〉

난초/이병기

빼어난 가는 잎새 굳은 듯 보드랍고,
자줏빛 굵은 대공 하얀 꽃이 벌고,
이슬은 구슬이 되어 마디마디 달렸다.

　위 예문을 보면 그 표현 방법이 외적 형식은 고시조와 같으나 말마디는 매우 서정적이다. 즉 개인의 감정을 아름답게 표현하도록 쓴 것이 특징이다. 이은상의 「진달래」나 김상옥의 「봉선화」같은 작품도 서정성이 짙어 지금까지도 독자로부터 많은 사랑을 받는다.
　이런 변화는 자유시의 영향으로 보이며 한편 여성들의 작품도 종종 지상에 발표된바 여성의 사회 참여 의식이 확대되었음을 의미한다. 금기시 되던 '사랑'에 대한 감정을 솔직하게 고백하기 시작했다고 보는데 이는 신문학(서구문물)을 공부한 여성들이 늘어나면서 전에는 여성의 덕목으로 여기던 요조숙녀(窈窕淑女)의 모습을 벗어나 과감히 자신의 목소리를 내기 시작했기 때문이 아닌가 한다.

예문2)

개화(開花)/이호우

꽃이 피네 한잎 한 잎/ 한 하늘이 열리고 있네
마침내 남은 한 잎이/ 마지막 떨고 있는 고비
바람도 햇볕도 숨을 죽이네/ 나도 아파/ 눈을 감네.

고시조와는 다르게 시어의 미적 표현이 강하게 나타나고 있다. 이렇다 보니 정형과는 좀 거리를 두는 경향이 나타난다. 즉 음수의 파탈(擺脫)이 일어나기 시작했는데 이는 시조의 정체성 보다는 자유시처럼 보이더라도 아름답게 쓰려는 경향이 강했기 때문이 아닌가 싶다.

종장 첫 소절(말마디) 3자의 독립성도 무시하였다. '바람도 햇볕도'는 동일한 주체 역할을 하기 때문에 '바람도'라는 3자는 비독립적이다. 특히 '나도 아파'라는 표현에서 '나'라는 1인칭을 사용하기도 했다. 얼핏 보면 시조 같지만 엄격히 본다면 자유시나 다름없다.

언약(言約)/이영도

해거름 등성이에 서면/ 애모(愛慕)는 낙락히 나부끼고
투명(透明)을 절(切)한 水天을/ 한 점 밝혀 뜬 言約
그 자락 감감한 山河여/ 귀뚜리 예지(叡智)를 간(磨)다.

이 작품은 자유시에 가깝다. 음수 이탈이 심하기 때문이다.

고시조에 비해 개화기 시조는 독자에게 주는 강력한 메시지(message)가 없이 서정성에 무게가 실려 있는 데 이 무렵에는 봉건사회의 몰락으로 왕정이 무너지는 계기를 맞으며 시민의식에도 많은 변화를 가져오게 된다. 임금의 무능과 부패한 권력으로 나라를 잃었으니 충성할 대상이 사라지고 게다가 서구문화의 유입으로 개인주의 사상이 더욱 팽배해 졌다. 따라서 작가는 시적 대상에서 어떤 메시지를 전하기보다는 일정(日政)의 감시 속에서 자유시처럼 서정성을 강조하는 쪽으로 변하게 되었을 것이다.

하지만 외형상 3.4조의 율격이나 장의 독립성, 연결성, 종장 말미를 현재형 술어로 마감한 점 등은 고시조와 크게 다르지 않다.

개화기를 거치면 가로쓰기로 바뀐 점, 시적 표현이 다양해 진 점, 행갈이 기법이 장 하나를 한줄 쓰기에서 두 줄 쓰기를 시도한 점, 시조가 해외에 알려지기 시작한 점, 제목을 달기 시작한 점, 시조에 대한 시민의식이 달라진 점 등 많은 변화를 가져왔다. 그러나 음수율이나 문장 구조는 고시조와 다르지 않다. 이런 변화들은 현재 우리가 쓰는 시조에 까지 영향을 미치고 있다 해야 할 것이다.

3. 현대시조

현대시조란 무엇인가? 이는 말 그대로 현재를 살아가는 우리가 쓰고 있는 말과 글로 표현한 작품을 말한다고 할 수 있다. 이 시조는 형식과 내용면에서 그 정체성을 지켜야만 〈시조〉라는 옷을 입힐 수 있다고 본다.

어떤 학자들은 1906년 7월 21일 〈대한매일신보〉에 발표된 〈혈죽가/대구여사〉를 현대시조의 효시(嚆矢)로 보고 있기도 하다. 그러나 이 〈혈죽가〉는 신문에 발표 되었을 뿐이지 그 어투나 시조 형식이 고시조와 조금도 다르지 않다. 따라서 현대시조의 효시로 보는 것은 다소 무리가 있지 않나 싶다. 필자는 최남선의 〈백팔번뇌; 1926년 동광사〉가 출간된 이후부터 현대시조로 보는 것이 가장 합리적이라고 본다. 물론 〈백팔번뇌〉에도 간혹 고어체의 말이 전무 한 것은 아니나 대체적으로 현대어에 가깝고 시조의 모습이 현재 우리가 쓰고 있는 모습과 같은 모습이다.

참고로 「근대시조대전/임선묵」에 수록된 작품을 보면 3행으로 행갈이를 하기는 하였지만 우에서 좌로 세로쓰기로 되어 있다. 또 현재처럼 좌에서 우로 가로쓰기를 주장한 사람은 국어학자 주시경이다. 1897년 독립신문 논설 「국문론」에서 가로쓰기를 주장했고 해방 후 국정교과서는 가로 쓰기로 발행되었다. 정부의 공식문서는 1961년부터 가로쓰기가 시작 되었다.

88올림픽을 계기로 우리문화의 우수성이 알려지기 시작 하였고 21세기로 들어와 국력이 강해지면서 그리고 젊은이들, 특히 MZ세대의 피땀 어린 노력으로 그 중에서도 특히 음악분야의 많은 그룹들이 해외에서 인기를 끌기시작하면서 세계인의 이목이 우리에게 집중되기 시작했다. 이와 더불어 유 무형의 많은 우리 문화유산이 유네스코에 인류문화유산으로 등재되기 시작했고 전통문화에 대한 새로운 인식이 국민들에게도 부각되기 시작했다.

시조 역시 이러한 사조(思潮)속에서 새로운 인식이 싹트기 시작했다. 소집단의 많은 시조단체가 생겨나고 많은 문학지가 나오면서 시조 인구 역시 획기적으로 증가하였다. 분명 이러한 현상은 바람직했으나 시조에 대한 올바른 인식의 결여로 시조의 정체성이 흐트러지기 시작했다. 여기에 더해 시조 정체성을 제대로 인식하지 못한 상태에서 멋 부리는 작품이 양산 되고 있는 시기이기도 하다. 시조를 가르치는 사람도 시조의 정체성을 제대로 파악하지 못한 상태에서 "전승(傳承)문학"이라는 점을 간과하고 세(勢) 늘리기에 급급하여 적당히 타협했다는 점도 부인하기 어렵다. 개화 초기보다 더 혼돈의 시대가 온 듯 했다. 이런 와중에 2012년 (사)한국시조협회가 "시조의 정형화"라는 기치를 내걸고 창립되었으며 2016년 역사상 최초로 〈시조 명칭과 형식통일안〉을 만들어 국회에서 공청회 및 선포식을 갖고 회원들에게 올바른 시조의 정체성을 부각시켜 이를 따르도록 한 점은 시조 역사상 누구도 엄두를 못 낸 획기적인 조치였다.

현대시조는 표현 기법에 있어 고전적 창작법과는 다르게 생산되어야 한다. 즉 법고창신(法古創新)이 되어야 한다. 동전의 양면처럼 전통(정체성)과 예술성을 갖춘 시조를 창작하여야 한다. 전통이라는 말은 전승(傳承)되어야 한다는 의미이고 예술성이라는 말은 고시조나 근대시조와는 다른 미학적 측면과 참신성을 살려 독자에게 다가가야 한다는 의미이다.

예문

목격2/김광수

차단된 복락의 외곽 신림동 산 번지에
부스러진 소망들이 눈보라로 휘날리고
판잣집 루핑 지붕엔 어두움이 쌓인다.

선거철 공약처럼 흐려진 형광등 밑
일당 기천원에 하루해가 코를 골고
서글픈 날품팔이 꾼 무겁게 짓눌린다.

이 작품은 언어의 조립을 새롭게 하여 독자에게 신선미를 주면서도 작품 전체가 주는 이미지에는 약자들의 아픔을 잘 나타내고 있다.

동목(冬木)/김사균

마지막 잎새 마저 겨울 새로 떠나가고
안으로 살이 찌는 하얀 함묵의 계절
심중에 청산을 빚어 먹빛 하늘 받쳐 섰다.

 이 작품은 또 다른 기법이다. 작가가 추구하는 이미지는 눈에 보이지 않는 사물의 이면이다. 상상력을 동원하여 새로운 이미지를 창출하고 있다.

 현대시조의 모습은 〈낯설게 하기〉를 시도하여 독자에게 새로운 방식으로 접근해야 한다. 특히 시조에서 절대적으로 피해가야 할 것은 사물의 겉모습을 그려낸 설명문조의 작품이다.
 우리의 아름다운 시조가 인류문화유산으로 남느냐 아니면 소멸할 것이냐 하는 것은 모두 우리시조인들의 몫이라는 점을 다시 한 번 더 강조하고 싶다.

15. 시조의 가치

시조(時調)라는 용어에 대해서 필자의 소견을 밝혀 보고자 한다.
음악용어로서의 "시조(時調)"는 이미 『청구영언』 등 가집이 나오기 이전부터 일반적으로 널리 쓰이고 있던 용어임을 확인 할 수 있다.

뿐만 아니라 〈세종실록〉은 1418년부터 1450년 7월까지 31년 7개월간의 세종 재위기간 중 국정 전반에 걸친 역사기록인데 여기서도 이 용어가 이미 사용되고 있다.

조선 초기 세종 때 박연(朴堧 1378 우왕4~1458 세조4)은 39번의 상소문을 올렸는데 그 상소문 중 하나에서 다음과 같은 글을 발견할 수 있다.

"향악에서 쓰인 악률인 낙시조는 중려 또는 임종 두 가지를 중심음인 궁으로 번갈아 사용한다(但鄕樂所用之律 則樂時調互用仲呂林鐘二律之宮)."[5]

이런 내용은 박연이 남긴 "난계유고(蘭溪遺稿)집"에 수록되어 있다.

여기에도 "樂時調"라는 대목이 나온다. 즉 음악용어로 이미 쓰여 오고 있었다는 말이 된다. 〈관서악부〉보다 324년 앞선 책이다.
한편 후대에 이르러 〈시조〉는 "시절가조(時節歌調)의 준말이다."라고 하는 말은 그 근거가 부족하다 하겠다. 이 〈時調〉라는 말

---

5) '仲呂'는 12율의 여섯 번 째이고 '林鐘'은 12율의 8번 째 이며 '宮'은 5음의 첫째 가락이다. 낙시조(樂時調)는 조선 시대, 향악(鄕樂)의 조(調)를 설명하는 데 사용하던 말로 거문고와 가야금 따위의 낮은 가락을 말한다.

의 근원은 정조 때 시인 이학규가 말한 "時節歌"에서 그 답을 찾을 수 있다.

이학규(李學逵)가 쓴 시「감사(感事)」24장 가운데 "누가 꽃피는 달밤을 가련하다 하는고. 시조가 바로 아픈 마음을 달래주네(誰憐花月夜 時調正悽懷)."[6]라는 구절이 있다. 이에 대한 주석에서는 그는 "시조란 또한 시절가(時節歌)라고도 부르며 대개 항간의 속된 말로 긴 소리로 이를 노래한다."라고 하였다.

사전에 보면 "시절가(時節歌)"는 말에는 두 가지 의미가 있다.

첫째는 '시절을 읊은 속요(俗謠)'이고

두 번째는 '(기본의미) [음악] 조선 시대에 확립된 3장 형식의 정형시에 반주 없이 일정한 가락을 얹어 느릿하게 부르는 노래'라고 밝히고 있다.

이학규가 말한 시조는 첫 번 째 의미가 아니라 두 번째 의미일 것이라고 생각한다.

일반적으로 시절(時節)하면 ① 일정한 시기나 때 ② 사람의 일생을 여럿으로 나눌 때 어느 특정한 시기(젊은 시절) ③ 한 해를 날씨의 변화에 따라 나눈 어느 한 철 등을 말한다. 그러나 이학규가 말한 시절가(時節歌)에서 '시절'이란 말은 이와 같은 의미를 말하는 '특정한 시절'이 아니라 '가락을 얹어 부르는 노래'란 의미로 보아야 한다.

고시조 대전에 수록된 4천5백여 수의 작품이나 근대시조대전에 수록된 2천5백여 편(6천수)의 작품 중에 첫 번째의 의미인 시절, 즉 '일정한 시기나 때' 등 절기를 노래한 작품이 별로 없다는 것이 이를 입증한다고 본다.

필자가『고시조 대전』에 수록된 작품(4,500여수)을 조사해 본

---

6) 誰; 누구 수, 憐; 가련할 련, 花;꽃화, 月;달월, 夜; 밤야 時調正悽; 아플 처, 懷;품을 회

결과 순(純) 시절가(절기, 계절 등)는 0.5% 전후이고 순(純) 충절가(나라와 임금 등) 역시 0.8% 전후이다. 나머지는 거의 다 우리의 삶이나 인생에 빗댄 작품이 주류이다. 이로 미루어 짐작하건대〈시조〉라는 말은〈시절가조〉의 준말이 아니라는 증거가 된다고본다.

시를 "時"는 시간을 뜻하는 말로 이해되었으나 필자는 견해를 달리한다. 여기서 時(시)는 시간의 의미보다는 '맞추다. harmony'라는 의미로 봐야 할 것 같다. '절(節)'은 풍류가락을 의미하는 말이다. 따라서 시절가(時節歌)는 풍류가락에 맞추어 부르는 노래라는 뜻이다. '조(調)' 역시 가락이라는 의미이다. 따라서 시조(時調)는 "풍류가락에 맞추어(함께 어울려) 부르는 노래"란 의미라고 본다.

계락시조, 우락시조라는 말은 노래할 때 노랫말에 창자(唱者)의 감정을 얹어 부르는 노래라는 의미이다. 또 여기서 말하는 "절(節)은 우리가 일반적으로 이해하고 있는 절기(節氣)를 말하는 '때' 나 '계절'을 가리키는 말이 아니라고 본다. 절(節)에는 '풍류가락' 이라는 의미가 있다. 그러므로 "풍류가락 節"이라는 의미로 쓰인 것이다. 풍류(風流)란 말은 멋있게 노는 일이란 의미도 있지만, 관악 합주나 소규모로 편성된 관현악으로 피리, 대금 거문고 등을 일컫는 말이기도 하다. 그러므로「시절가」란 "관현악과 함께 어울려 부르는 노래"란 의미이지 "계절에 따라 부르는 노래"라는 의미는 아니라고 본다. 한편 '調'에도 '화합하다, 악기로 연주하다.' 의 뜻이 있으므로 '節' 자와 비슷한 의미를 지니고 있다. 따라서 '時節'이라 하면 시기나 때에 관한 말로 오해의 소지가 있어 "시절가(時節歌) 라 하기 보다는 동일한 의미인 '時調' 라는 말로 사용하지 않았을까 하는 생각이 든다. "歌調"라는 말은 없으니까.

그러므로 필자는 "시조라는 말은 음악 용어"일 뿐이지 어떤 말을 줄여서 간편하게 부른 말이 아니라고 생각한다.

1) 역사적 가치

일반적으로 가치(價値)라 함은 공동체를 이루고 있는 사람들이 어떤 대상에 대하여 추구하는 감정체계라 할 수 있는데 이는 사회적, 정치적, 경제적, 문화적 측면에서 선과 악, 옳고 그름, 아름다움 등을 결정하는 행동 방식이 된다.
이러한 전제하에서 시조의 가치를 살펴보기로 한다.

첫째는 역사성과 예술성이다. 역사가 오래되었다고 모두 가치가 있는 것은 아니다. 아무리 시조의 역사기 오래 되었다 하더라도 우리 삶을 기쁘고 신나게 만들어 주지 못한다면 가치는 없다. 예술이 우리 삶을 풍요롭고 아름답게 만드는 것이 그 역할이라면 시조는 우리의 삶을 얼마나 아름답게 만들어 왔는가를 짚어 보아야 한다. 시조는 언어예술로 사람의 마음(생각)이 밖으로 나와 우리 삶을 기쁘고 신나게 만들고 사유의 폭을 넓혀 간다. 생각은 누구도 볼 수 없지만 말이라는 수단을 통하여 듣게 만들고 이를 사라지지 않도록 하나의 기호(글자)로 기록하면 문화가 된다. 그래서 문화는 우리의 몸과 마음이 지니고 있는 기호라고 말 할 수 있다. 이 기호를 통하여 공동체 구성원들은 익히고 배워(전승) 하나의 전통을 만들어 가게 된다. 이 역사라는 과정을 통하여 검증을 받고 가치를 인정받는다. 그러나 문자라는 기호가 없던 시절에는 말과 몸짓을 보고 따라 배우는 도리 외엔 없었다. 즉 구전(口傳)에 의존해 왔다.
앞으로 〈시조(時調)〉에 대하여 좀 더 연구가 필요한 부분이 많다. 오류 또는 근거 없는 논리를 바로 잡아 시조 작가들이 옳게 알도록 반드시 정체성을 찾아 올바르게 살려 나가야 한다.

〈시조〉라는 45자 내외의 노랫말을 처음 시작한 이는 누구이고, 이런 노래를 〈시조〉라고 부른 이는 누구이며, 정체성은 무엇인지, 많은 연구가 필요한 부분이다.

두 번째는 공동체를 하나로 결속시키는 〈시조〉의 통일성이다. 봉건시대인 조선시대에 선비는 권위주의 속에서 선비들만의 상류문화를 형성하였고 하층 사회는 사설시조라는 틀 속에서 인간의 평등사상을 구현하려는 문화 공동체가 형성되어 봉건사회를 몰락시키는 계기가 된다. 물론 초기에는 사설시조가 나타나지 않았다. 정철의 장진주사를 최초의 사설시조로 본다 하더라도 300년 후에 나타난 새로운 시조의 한 형태이다.

하여간 이처럼 양분된 시조문화는 개화기로 접어들면서 많은 변화를 가져오게 된다. 즉 계급사회가 무너지고 인간의 평등사상의 도입과 한글이 일반대중화 되면서 평시조의 품격과 사설시조의 긴 내용이 조화를 이룬 연시조 형태로 발전했다고 본다.

『청구영언』은 김천택이 지은 우리나라 최초의 〈한글 시조집〉이다. 이 '최초'라는 말에 역사적 가치가 이미 들어가 있는바 『청구영언(1728)』 발문에 그 의미와 성격이 잘 나타나 있다. (『청구영언』 진본에는 시조 580수가 수록되어 있음: '장진주사, 맹상군가, 만횡청류116 포함)

18세기까지는 신분계급이 뚜렷한 시기로 작가 김천택이 모순된 사회제도나 평등사상에 일찍이 눈을 뜨고 이에 저항하는 의미에서 은밀하게 청구영언 속에 신분이 낮은 하층계급의 작품까지 수록했는지는 모르겠으나 사설시조는 대부분 저급한(음란한) 형태의 노랫말이 대부분이다.

  반면에 정몽주의 〈단심가〉 같은 유형의 평시조 선비 작품은 임금에 대한 충성, 절개 등을 표현한 사대부의 강직한 성품이 나타나 있다.

  글을 모르는 일반 대중의 평시조는 사대부들의 작품과는 다르게 '사랑'이라든지 서민의 삶에 대한 애환을 쓴 작품이 주류이나 대부분 작가 미상이다.

  『청구영언』에 나타난 작품 구성은 크게 두 가지로 분류된다. 하나는 선비들의 국가관이나 인간의 도리이고(평시조), 다른 하나는 하층계급이 그려낸 삶에 대한 애환이나 인간적 불평등에서 오는 불만이다(사설시조 포함). 전자가 국가 질서를 유지하기 위한 기득권의 사상이나 국가관을 대변하는 기득권 세력이라면 후자는 개인의 자유를 추구하며 기득권에 저항하는 대중세력이라고 할 수 있다.

  『청구영언』은 2010년 유네스코 인류무형문화유산으로 등재된 〈가곡〉의 원천자료이기도 하며, 2022년 4월 26일 문화재청은 국가지정문화재 보물로 지정할 만큼 그 가치를 인정받고 있다.

  '조선후기 다양한 계층의 언어와 유려한 한글 서체 등, 국어국문학사, 음악사에 있어서 그 의미가 크고 연구할 가치가 있다.'는 것이 보물로 지정한 이유이다. 기록물 『청구영언』이 국가 지정문화재로 지정되었다는 사실은 그 내용인 수록작품 하나하나가 법적 보호와 더불어 가사를 짓는 방법까지도 법적 보호아래 놓여야 됨을 의미한다고 본다. 만약 시조의 창작 기능이 단절된다면 기록물 하나로 만족할 것이지만 창작 기능이 더욱 연구, 발전, 전승되는 것은 인류 문화유산으로 지정될 일임에 틀림없다. 이 기능이 바로 〈시조의 역사적 가치〉이다.

또 〈시조의 얼굴〉은 다양성을 지니고 있다. 인종, 학력, 남녀, 노소를 가리지 않고 다양한 모습으로 발전해 나갈 수 있다. 또 생명력이 무궁하다. 존재하는 것은 거의 생명 또한 유한하지만 시조는 지금까지 700여년을 살아오고도 아직도 팔팔하다. 전통예술은 현재를 살고 있는 과거라 할 수 있다. 즉 공연자들이 과거를 재현함으로서 관객으로 하여금 시각적으로 과거를 호흡하며 현재를 살게 만든다.

『청구영언』에 수록된 평시조 대부분은 종장 끝맺음이 현재형 시제를 선택했다. 이는 대단한 의미가 있는 시조 특징 중 하나이다. 전통적 공연(행위)예술은 시각을 통하여 과거를 현재화 하지만 시조는 글을 통하여 현재를 살게 해야 하므로 종장후구 말미 시제를 현재형으로 선택 했다고 본다. 영속성을 유지하기 위한 창작기법이다. 이런 기법이 시조의 수명을 늘여주는 것으로 시조의 가치 중 하나가 된다고 본다.

2) 〈시조〉의 문학적 가치

"문학"이란 사상이나 감정을 상상의 힘을 빌려 언어로 표현한 예술, 또는 작품이다.

시(詩)나 소설, 수필, 아동문학 등과 같이 시조(時調) 역시 문학진흥법에서 말하는 문학의 한 범주 안에 있다.

〈시조〉는 태생이 창(唱)과 한 몸이었으므로 문학의 한 갈래가 아니라 그냥 '노래'였다. 그래서 16세기에는 '가곡'이라는 이름으로, 18세기에는 '시조창'이라는 이름으로 살아오다가 20세기에 이르러 '문학'이라는 이름을 얻게 되었다. 1926년 5월 『조선문단』에 최남선이 「조선국민문학으로서의 시조」라는 논문을 발표

함으로서 '음악'이라는 이름표를 없애고 '문학'이라는 이름으로 다시 태어나게 된다.

그러면 음악이 아닌 문학으로서의 〈시조〉는 어떤 가치를 지니고 있을까?
다움 백과에 따르면 "문학은 가치 지향적이므로 작가가 지향하는 가치, 문학작품 자체에 담겨 있는 가치, 독자가 수용하는 가치 등으로 구분된다. 이 가치를 실현하는 것은 생각, 느낌, 경험, 지식 등을 동원하여 의미를 재구성하는 것이다."라고 한다.
〈시조〉의 창작 원리는 일반 자유시의 창작법과는 다르다. 외적, 내적 형식에 맞게 창작되어야 그 가치를 인정받는다. 여기에 문장의 짜임새와, 특히 종장에서의 기승전결 처리방식과 완결성은 시조작품의 핵심적인 아름다움(美)이라 하지 않을 수 없다.
말하자면 작가의 사상과 철학이 배어 있어야 한다. 고시조는 대개 충(忠), 절(節), 효(孝), 청빈(淸貧), 윤리(倫理), 도리(道理), 훈육(訓育) 같은 선비사상이 깊숙이 농축되어 있으며 인간애의 기본인 '사랑'이 배어 있는 작품이 대부분이다.
뿐만 아니라 공동체적 삶에서의 가치관도 잘 나타나 있다.
미학적(美學的)측면으로 보더라도 〈시조〉는 간결성, 함축성, 상징성 등을 기본 미덕으로 삼지만 작품에 따라 우아미, 숭고미, 비장미, 골계미, 절제미, 균제미, 완결미 등 언어 예술로서의 가치가 반영되어 나타난 결과물이라 할 수 있다.

3) 시조의 종합예술적(綜合藝術的) 가치;
  Composite Art Value of Sijo

종합예술이란 분야를 달리하는 모든 예술적 요소를 모아 이루어지는 예술로 여러 분야의 예술을 혼합하여 창조한 산물이다. 영화나 뮤지컬이 좋은 예이다.

뮤지컬은 노래, 연기, 춤이 결합된 종합 예술이다.

동국대 김세종 교수는 논문 「〈시조〉의 종합 예술적 가치」를 첫째 문학성, 둘째 민중성, 셋째 예술성에서 찾고 있다.

첫째 문학적 측면에서 '시(詩)는 마음이라' 하여 인간이 지켜야 할 도리와 인류의 보편적 가치인 자유, 평등, 박애 정신에 근거를 두고 예술적 가치를 인정하였다.

둘째는 시조의 민중성, 즉 서민 예술이란 점을 들고 있다. 시조는 출생이 사대부의 피를 물려받은 문학이지만 조선 후기에 들어와 사설시조의 출현으로 일반 대중화 된 것은 사실이다. 사설시조는 봉건사회의 몰락을 앞당기는 계기가 되었을 수도 있다. 계급사회를 타파하고 자유와 평등 기회의 균등을 외치는 민중의 목소리를 대변한 것이라 봐도 큰 무리는 없을 것 같다.

청구영언 해동가요 가곡원류 등 에 수록된 많은 작품들이 이를 대변하고 있다.

셋째 예술성은 –음악에서 예(시조창)를 들면– '청, 박자, 장단, 정음, 시김새 등과 같은 것들을 예로 들 수 있다.

그러나 시조가 종합예술적 가치를 확장 실현하려면 무엇보다 작품의 질(예술성)이 높아져야 한다. 경제적 이익을 실현하기 위하여 사업가는 불철주야 고민하고 기획하고 연구한다. 우리 시조 시인들도 마찬가지이다. 누가 해주기를 바라면 이미 잘못된 길로 접어들었다고 말할 수 있다.

4) 인류무형문화재로서의 가치 ;
an intangible cultural asset value of Sijo

지금까지 시조예술의 다양성에 대하여 알아보았다. 살펴본 바와 같이 시조의 재능은 무한하다. 이제 시조는 과연 인류무형문화재로서의 가치가 있는지, 등재 가능성은 1%라도 있는 것인지 생각해 보기로 한다.

유네스코는 유산의 정의를 다음과 같이 내리고 있다.
① 과거로부터 물려받을 것. 현재 우리가 더불어 살아가고 미래 세대에게 물려줄 가치가 있을 것 과거에서 온 모든 것이 아니라 현재 우리가 가치를 증진시켜 후손에게 물려주어야 할 것 등이다.
"Heritage is our Legacy from the past, what we live with today, and what we pass on the future generation"
무형문화 유산은 ① 세대와 세대를 거쳐 전승 될 것 ② 인간과 주변 환경, 자연의 교류 및 역사 변천과정에서 공동체 및 집단을 통해 끊임없이 재창조 될 것 ③ 공동체 및 집단에 의해 정체성이 지속 될 것 ④ 문화의 다양성과 인류의 이익을 위해 창조성을 증진시킬 것 ⑤ 공동체 상호 존중과 지속적 발전에 부합할 것 등의 조건에 맞아야 한다.(유네스코 협약 제2조 참조)
우리가 눈여겨 볼 대목은 ③번 항목이다. 공동체 또는 집단에 의해 정체성이 유지되어야 한다는 내용인데 과연 시조는 정체성은 있으며, 시조의 어떤 부분을 정체성이라 하면 무엇을 말하는 것일까? 한마디로 3장6구12소절 이라는 외형적 틀과 문장의 구조, 즉 각장의 독립성과 연결성, 완결성 그리고 종장의 처리방식 등 문장의 짜임새가 시조의 정체성이 된다. 여말부터 현재까지 이 정체성은 계승되어 왔고 이를 거부하면 자유시가 된다.

시조의 이와 같은 정체성은 미래에도 지켜질 것이며 세계화가 이루어진다 해도 이는 바뀔 수 없는 정체성이 된다. "가곡"은 음악의 특징으로 세계인류무형문화재가 되었는바 이 가곡의 원천이 되는 시조 작법 역시 인류무형문화유산으로 등재 되어야 함은 너무나 당연하다.

기록 유산은세계기록유산은 영향력, 시간, 장소, 인물, 주제, 형태, 사회적 가치, 보존 상태, 희귀성 등을 기준으로 한다. 일국 문화의 경계를 넘어 세계의 역사에 중요한 영향력을 끼쳐 세계적인 중요성을 갖거나 인류 역사의 특정한 시점에서 세계를 이해할 수 있도록 두드러지게 이바지한 경우에도 선정된다. 다음과 같은 관점에서 『청구영언』은 유네스코 기록유산으로 당위성이 있다 할 것이다.

첫째 『청구영언』은 2010년 유네스코 무형문화 유산으로 등재된 "가곡"의 원천 자료인 점.

둘째 발간 연도와 발간 근거가 확실한 점. 1728년 5월 16일(음력) 지은이: 김천택

셋째 한글로 쓴 최초의 가집으로 손으로 직접 써서 편집한 점

넷째 문학사와 음악사의 귀중한 자료인 점

다섯째 선비에서 기녀에 이르기까지 작품을 모아 기록했다는 점

여섯째 남성위주의 봉건사회에서 여성의 참여를 허락했다는 점

일곱째 사설시조를 통하여 봉건사회를 붕괴시키는 계기가 되었다는 점

여덟째 작가의 신분이나 지위보다도 노랫말에 가치를 두고

아홉째 『청구영언』 발간 이후 많은 가집이 나오게 된 분수령이

된다는 점

열 번 째 7백여 년의 역사 속에서 소멸되지 않고 지금 전 세계에서 시조 붐을 일으키고 있는 점

지금까지 여러 측면에서 〈시조〉의 가치를 살펴 본 것은 '전통문화'의 정체성을 계승하여 우리의 삶을 좀 더 아름답고 풍요롭게 만들 수 있는지, 인류문화유산으로 지정할 가치가 존재하는 예술인지 그 본성을 제대로 알아보자는데 목적이 있었다.

어느 예술을 불문하고 전통예술의 진정한 가치는 그 "정체성"을 완벽하게 보존 하는데서 찾아야 하며 지역이라는 공간 개념을 벗어난 시대에 살고 있는 우리는 이제 시공(時空)을 초월한 범인류적 개념에서 이를 공유하여야 한다.

시조는 일반적으로 인식되어 온 음수 또는 음보의 개념만이 아니다. 이러한 편협한 사고는 시조의 외형만 들여다 본 근시안적 사고이다. 시조의 내면, 즉 문장 구성과 종장에서 그 특성을 다시 찾아내고 이를 실천에 옮겨야 한다. 겉과 속이 모두 정체성을 유지 할 때 진정한 가치는 재발견되리라 확신한다.

16. 수사법

수사법은 문장을 아름답고 신비롭게 만드는 재료이다. 이를 잘 활용하면 작품의 예술성이 더욱 높아지기 때문에 다시 한 번 강조하는 의미에서 수록한다.
많은 예문을 들어 이해를 돕는다.

수사법에는 크게 비유법, 강조법, 변화법 등으로 분류할 수 있다.

1.비유법

① **직유법** : 두 사물을 직접 비유하는 수사법 '~같이, ~같은, ~처럼, ~듯이, ~(인)양' 등의 말로 연결하여 비유하게 된다. '초봄의 설렘 같은'. '첫날밤의 수줍음처럼'

　　방 안에 혓는 촛불 눌과 이별 하였관대
　　눈물 흘리며 속 타는 줄 모르는고
　　우리도 저 촛불 같아야 속 타는 줄 몰라라.
　　〈고시조/ 이개〉

② **은유법** : 원관념과 보조관념을 간접적으로 연결시키는 수사법.
　　'내 마음은 호수다.'

청산은 내 뜻이요 임의 정은 녹수로다
녹수 흘러간들 청산이야 변할 손가
녹수도 청산을 못 잊어 울어 예어 가더라
〈고시조/황진이〉

③ **의인법** : 사물을 의인화 하는 수사법
'성난 파도, 파초의 꿈'

청산리 <u>벽계수야</u> 수이 감을 자랑마라
일도 창해하면 돌아오기 어려우니
명월이 만공산 하니 쉬어 간들 어떠리
〈고시조/황진이〉

④ **활유법** : 생명이 없는 것을 생명이 있는 것처럼 하는 수사법
'기차 꼬리가 터널 안으로 사라진다.'

내 벗이 몇인가 하니 수석과 송죽이라
동산에 달이 오르니 긔 더욱 반갑고야
두어라 이 다섯 밖에 또 더하여 무엇하리
〈고시조/윤선도〉

⑤ **풍유법** : 원관념은 감추고 보조관념으로 전체를 채우는 수사법

까마귀 싸우는 골에 백로야 가지마라
성난 까마귀 흰빛을 새오나니

청강에 조히 씻은 몸 더럽힐까 하노라
〈고시조/ 작자 미상〉

⑥ **대유법(제유법과 환유법)**:
　ㄱ. 제유법; 사물의 한 부분으로 전체를 나타내는 수사법.
　'빼앗긴 들에도 봄은 오는가.' '-빼앗긴 들'은 조국을 상징
　'빵만으로 살 수 없다.' '-빵' =식량
　ㄴ. 환유법; 사물이나 사실을 표현하기 위해 그와 가까운 낱말
　　을 사용하는 수사법
　'콩나물시루'는 '빽빽하다,' '어사화'는 '출세'

⑦ **의성법** : 소리를 나타내는 수사법

　눈 풀풀 점심홍이요, 술 충충 의부백을
　거문고 당당 노래하니 두루미 둥둥 춤을 춘다
　아이야 시문에 개 짖으니 벗 오시나 보아라
　〈고시조/미상〉

⑧ **의태법** : 동작이나 행동을 나타내는 수사법
　'모락모락 김 오르는 다향에 스민 마음'

⑨ **상징법** : 보조관념만으로 원 관념을 나타내는 수사법
　'거수경례-충성, 면사포-결혼

　선인교 내린 물이 자하동에 흘러들어
　<u>반천년 왕업이</u> 물소리 뿐이로다

아이야 고국 흥망을 물어 무삼 하리오
〈고시조/정도전〉

⑩ **우화법** : 인간 사회를 풍자하는 수사법
'이솝우화' '소머리국밥 먹고 트림하면 소 울음소리 난다.'

⑪ **중의법** : 한 단어로 두 가지 의미를 나타내는 수사법

청산리 벽계수야 수이 감을 자랑마라
일도창해하면 돌아오기 어려워라
명월이 만공산 하니 쉬어간 들 어떠리
〈고시조/황진이〉

'벽계수' ; 맑은 계곡물과 이종숙의 호
'명월' ; 밝은 달과 황진이 호

⑫ **희언법** : 같은 말을 다른 의미로 쓰거나 동음이자를 사용하는
수사법.

인문주의(人文主義)-인문주의(人文注意)

북창이 맑다커늘 우장 없이 길을 나니
산에는 눈이 오고 들에는 찬비로다
찬비 맞았으니 얼어 잘까 하노라
〈고시조/임제〉

⑬ **냉조법** : 비꼬거나 야유조로 쓰는 수사법

하하 허허 한들 내 우움이 정 우움가
하 어척 업서셔 늣기다가 그리되게
벗님네 웃지들 말구려 아귀 찢어지리라
〈고시조/미상〉

⑭ **풍자법** ; 사회의 부조리나 인간의 모순을 빗대어 비판하는 수사법

구름이 무심탄 말이 아마도 허랑하다
중천에 떠 있어 임의로 다니면서
구태여 광명한 낯빛을 따라가며 덮느냐
〈고시조/이존오〉

2. 강조법

① **과장법** : 실제보다 더 크게 늘리거나 줄여서 하는 수사법

대붕을 손으로 잡아 구워 먹고
곤륜산 옆에 끼고 북해를 건너뛰니
태산이 발끝에 차이어 왜각데각 하여라
〈고시조/미상〉

② **영탄법** : 감탄사나 의문의 형식을 빌려 표현하는 수사
'아마도 세상일이야 다 이런가 하노라.' 〈고시조/미상〉

③ **반복법** : 동일한 낱말을 반복하여 사용하는 수사법
  '오르고 또 오르면 못 오를 이 없건마는' 〈고시조/양사언〉

④ **점층법** : 점점 강하게 하거나 약하게 하는 수사법
  '수신제가치국평천하'

⑤ **점강법** : 점점 작아지게 하는 수사법
  '평천하 치국 제가 수신'

⑥ **연쇄법** : 앞 구절의 끝을 다음구절에서 되풀이하는 수사법
  '닭아 닭아 우지마라, 네가 울면 내가 울고'

⑦ **돈강법** : 앞에서 의미나 감정의 절정을 만들어 놓고 갑자기 낮게 떨어지거나 냉정해지는 수사법

  내 오늘 서울에 와 만평 적막을 산다.
  안개처럼 가랑비처럼 흩고 막 뿌릴까보다
  바닥난 호주머니엔 주고 간 명함 한 장

⑧ **대조법** : 대립되는 것을 내세워 인상을 선명히 하는 수사법

  청초 우거진 골에 자는다 누웠는다
  홍안을 어디두고 백골만 묻혔으니
  잔 잡아 권할 이 없으니 그를 설워 하노라
  〈고시조/임제〉

⑨ **미화법** : 실제보다 아름답게 표현하는 수사법

'변소-화장실, 거지-집 없는 천사

⑩ **열거법** : 나란히 나열하는 방식의 수사법
'사설시조에서 많이 볼 수 있다'

⑪ **억양법** : 처음에 올렸다가 나중에 내리거나 먼저 낮추고 나중에 올리는 수사법
'겉보긴 험상궂어도 속은 착하다.'

⑫ **예증법** : 예를 들어 설명하는 수사법
'꽃을 피었다'는 틀린 표현이고 '꽃이 피었다'는 맞는 말이다.

⑬ **비교법** : 비교하여 한쪽을 강조하는 수사법
'너의 넋은 수녀보다 예쁘다.'

3. 변화법

① **도치법** : 강조하고자 하는 단어를 바꿔 쓴 수사법
'또 한 겹 고름을 푼다,' '꽃등 하나 매달고저.'
'이시랴 하더마는 제 구태어' 〈고시조/월산대군〉

② **대구법** : 비슷하거나 상관이 있는 말을 짝지어 절과 절, 구와 구로 표현 하는 수사법
'산에는 눈이 오고 들에는 비가 온다.' 〈고시조/임제〉

③ **설의법** : 결론부분에서 의문 형식으로 강조하는 수사법

'임향한 일편단심이야 가실 줄이 있으랴.' 〈고시조/정몽주〉
'아득한 태고를 산다, 신앙 같은 순결로.

④ **인용법** : 속담이나 격언 등을 인용하는 수사법
  '오조(烏鳥)도 반포(反哺)를 하니 부모 효도 하여라'
  〈고시조/미상〉

⑤ **문답법** : 문답형식으로 표현하는 수사법
  '동창이 밝았느냐 노고지리 우지진다/소 칠 아이는 상기 아니 이렀느냐/재 너머 사래 긴 밭을 언제 갈려 하느냐//'
  〈고시조/남구만〉

⑥ **반어법** : 원 뜻과는 반대되는 표현으로 강조하는 수사법
  '찬비 맞았으니 얼어 잘까 하노라' 〈고시조/임제〉
  '미워서 떡 하나 더 준다.'

⑦ **역설법** : 모순되는 말로 표현하여 강조하는 수사법
  추강에 밤이드니 물결이 차노매라
  낚시 들이치니 고기 아니 무노매라
  무심한 <u>달빛만 싣고 빈 배</u> 저어 오노라
  〈고시조/월산대군〉
  '비어서 오히려 넘치는 무상한 별빛'

⑧ **명령법** : 독자에게 시키는 투로 표현하는 수사법

  잘 가노라 닷지 말려 못 가노라 쉬지 마라

브듸 긋지 말고 촌음을 앗겨 쓰라
가다가 중지 곳 하면 아니 감만 못하니라
〈고시조/김천택〉

⑨ **경구법**(aphorism) : '시간은 금이다.'처럼 경구를 인용하는 수사법
'시간은 금이니 촌음을 아껴 쓴다.'

⑩ **생략법** : 독자에게 여운을 남기기 위해 표현하는 수사법으로 시조에서는 사용하기 어려움. 시조는 3장 6구 12소절을 요구하기 때문임

⑪ **돈호법** : 글 중간에 갑자기 사람이나 사물의 이름을 불러 주의를 환기시키는 수사법

국화야 너는 어이 삼월동풍 다 지내고
낙목한천에 네 홀로 피었느냐
아마도 오상고절은 너뿐인가 하노라
〈고시조/이정보〉

⑫ **현재법** : 과거의 사실이나 미래의 가상을 현재 일처럼 표현하는 수사법으로 시조는 현재형이다.

불꽃이 이리 튀고 돌조각이 저리 튀고
밤을 낮을 삼아 징소리가 요란터니
불국사 백운교 위에 탑이 솟아오른다 〈 다보탑/김상옥 〉

⑬ **거례법** : 예를 들어 설명하는 수사법
  '낙일은 서산에 져서 동해로 다시 나고'

⑭ **비약법** : 시간, 공간을 뛰어넘어 설명하는 수사법

  재 넘어 성권농 집의 술 익단 말 어제 듣고
  누운 소 발로 박차 언치 놓아 지즐타고
  아희야 네 권농 계시냐 정좌수 왔다 사뢰라.'
  〈고시조/정철〉

참고 서적

- 고시조대전 : 고려대학교 민족문화연구원
  2012. 7. 20

- 인문학용어대사전 : 한국문학평론가협회
  2018. 6. 1 국학자료원

- 근대시조대전 : 임선묵
  1981. 7. 15 홍성사

- 한국개화기 시가연구 : 김영철
  2004. 2. 7 새문사

- 시조연구 : 김흥열
  2023. 5. 10 열린출판사

● 약력 ●

저자 **김흥열**(中石)

연락처; 010-8732-8551

문단활동;
- 한국시조협회 회원, 한국문인협회 회원,
- 국제펜크럽한국본부 회원,
- (사)한국시조협회 이사장 역임
- 현재 (사)한국시조협회 상임 고문

- 송파시조교실 강사, 동대문 도서관 시조 강사 역임
- 작품집
  - 시조집 ; 〈시조전집〉 외 8
  - 연구서 : 〈정형의 매력〉, 〈현대시조연구〉,
    〈시조의 정체성과 현대시조 창작 Ⅰ〉
    〈시조연구〉〈(사)한국시조협회 시조교육자료 집필〉
    〈시조 정체성 연구 Ⅱ〉

김흥열 작품집 및 연구서
- 시집 : 〈세월의 빈수레〉; 홍익기획, 1997년
  〈모닝커피 한잔에〉;도서출판 자작나무, 1999년
  〈어제는 꽃비가〉; 북하우스, 2001년
- 수필집 : 〈어머니의 종교〉; 국학자료원, 2002년
- 시조집 : 〈고장난 시계〉; 한국문화사, 2005년
  〈바람의 노래〉; 서초출판사, 2009년
  〈행복한 아침〉; 한국문화사, 2011년
  〈쉼표의 유혹〉; 한국문화사, 2014년
  〈방하에 피는 들꽃〉; 한국문화사, 2018년
  〈시조 선집〉; 열린 출판, 2020년

〈단시조 모음 집〉; 열린 출판, 2021년
〈명동뻐꾸기〉; 열린 출판, 2022년
〈시조전집;1,000수〉; 도서출판 조은; 2024년

- 연구서 : 〈정형의 매력〉; 도서출판 조은, 2015년
  〈현대시조연구〉; 한국문화사, 2017년
  〈현대시조 창작법〉; 한국문화사, 2020년
  〈시조의 정체성과 현대시조창작법Ⅰ〉; 국학자료원, 2022년
  〈시조연구〉; 열린출판, 2023년
  〈시조 정체성 연구 Ⅱ〉; 도서출판 조은, 2024년

시조(時調)의 정체성(正體性) 연구(Ⅱ)

인쇄일 2024년 9월 5일
발행일 2024년 9월 7일

저 자 김흥열
발행인 김화인
발행처 조 은
편집인 김진순
　주소　서울시 중구 을지로20길 12 대성빌딩 405호(인현동)
　전화　(02)2273-2408
　팩스　(02)2272-1391
출판등록 1995년 7월 5일 신고번호 제1995-000098호
　ISBN　979-11-91735-94-9
　정가　13,000원

♠ 잘못된 책은 바꾸어 드리겠습니다.
♠ 전재 및 복제를 할 수 없습니다.